EARTH, AIR, FIRE
& WATER

向風、火、水、地
四元素借力

史考特·康寧罕的

元素魔法

MORE TECHNIQUES OF
NATURAL MAGIC

史考特·康寧罕 著

致謝

有如此多人協助我探索並發現自然魔法的各種面向，這些人包括：Cheryl，為我提供靈感、指引和撫育；David，感謝他的花園和永遠的風趣；Marilee Bigelow，感謝他為我部分的原稿提供評論；現在人在紐約的 Morgan，感謝她首先點燃了這魔法之火；感謝 Morgana 在遙遠的夏威夷仍讓火繼續延燒；感謝 M. F. of Diego 精彩的教誨和聯繫；感謝 Isaac Bonewits Deborah Lipp 博學的見解；感謝 de Traci 和哈雷彗星度過了漫漫長夜，以及她務實的觀察；感謝 John 和 Elaine 的支持，以及他們對石頭的知識；感謝 Robert 和 Virginia 帶我去吃甜點；感謝 Vinny Gaglione 讓我能夠將他從我身上挖走的蠟燭儀式再偷回來；感謝 Scot 和 Judy 纏著我，要我進行寫作；感謝 Petherwen 纏著我，要我進行寫作；感謝 Tara 和 Buck 提供多次的晚餐，還有更多的笑話；感謝 Nancy Mostad 不斷的鼓勵；感謝 Patty 的宣傳；感謝 Terry 的藝術感性；感謝 Jim 接電話；感謝 Woody，你知道我要感謝什麼……還要特別感謝 Sandra 和 Carl Weschcke 的持續支持。

我也必須感謝以下如此樂意提供他們的能量，協助我度過最近這段艱難時期的個人和機構：Glenn of Ancient Ways、Selena of Circle、Jacques of The Church of Eternal Source、Crow Haven Corner、Annella 以及 Crystal Cave 的每一個人；Carol 和 Enchantments 的每一個人；Georgia 和 Rick of The Four Winds、Herman Slaterof Magickal Childe、Marilyn of Mooncircles、Mystic Moon、Pallas Society 的每一個人；Vvinny、Ted 和 Spellbound 的每一個人；White Light Pentacles；也要特別感謝塞勒姆的 Witches League for Public Awareness。感謝所有我忘了提及的人，我獻上我最誠摯的歉意和感謝，也希望你們都能諒解。

我也要感謝以下最早刊載本書部分資料的出版物：《New Moon Rising》（原名：《The Rose and Quill》）；《The San Diegan Pagan》，以及《The Magical Almanac》。

目錄

致謝

序言 …… 6

第一部分　魔法基礎

1 這就是魔法 …… 10
2 魔法技術 …… 13
3 魔法工具 …… 28
4 元素 …… 32
5 預備儀式 …… 47

第二部分　元素魔法

6 地系力量 …… 56
7 風系力量 …… 70
8 火系力量 …… 80
9 水系力量 …… 89

第三部分　自然魔法

10 石頭魔法……98
11 磁石魔法……106
12 蠟燭魔法……114
13 星辰魔法……130
14 雪魔法……145
15 冰魔法……152
16 鏡魔法……158
17 許願井魔法……166
18 海魔法……176
19 創造自己的儀式……194

後記……243
附錄：魔法符文……245
詞彙表……248

✦ 序言

當我在1983年撰寫完《大地魔法》後，我認為這是很理所當然的元素魔法介紹。當時大多數的魔法書以神祕而曖昧的方式處理元素，而不是以簡單、務實的方式來介紹與地、風、火和水合作的方式。

因此我寫了一本不一樣的書，裡頭滿是來自古歐洲民間魔法的咒術。這類儀式長久以來都是用來建立魔法操作者與大地之間的關係。在任何人都可以用極少配備進行的簡單儀式下，我希望這本書能夠找到歸屬。

而它確實找到了歸屬，《大地魔法》大概讓我收到比我寫的任何一本書都要更多的信件。儘管這是本簡短的書，但所涵蓋的資訊仍持續由廣大的族群所使用，而他們當中有許多人才剛開始實行自然魔法技術。

仍有一些讀者要求我撰寫更「進階」的相關書籍，我一直無法確定他們到底是什麼意思。在我所有的書中，我撰寫的都是民間魔法，而不是儀式魔法。民間魔法就是大眾的魔法，這樣的魔法從來就不會太複雜，原因就只是這些人並沒有時間進行花俏的魔法，他們的儀式反映出他們簡單且自給自足的農業生活。

我書寫的就是這類的魔法。我沒有提到脈輪、通靈、內層位面（Inner Planes）、內在路徑引導（pathworking）、地占術（geomancy）或其他類似的主題，只因為這些並非我魔法生活的一部分，我偏好撰寫我熟悉的東西。

因此，《史考特．康寧罕的元素魔法》並非這古老實踐的進階指南，本書是《大地魔法》的延續、補充。在此你將探索星辰魔法的神奇之處；蠟燭、冰、雪和磁鐵的運用；甚至是運用許願井的精湛技巧。我也涵蓋了海洋、鏡子和石頭等魔法屬性的額外面向。最後一章是逐步說明的詳細指南，可用來設計個人的魔法儀式。

本書的基本主題是：我們星球的脆弱。今日，因人類不經思考的行為而使地球處於動盪之中。身為魔法師，我們不會濫用地球的資源或元素。我們與之合作，將我們自己的能量傳送給我們的星球及其許多元素展現。在這麼做的同時，我們也將能量交付於我們的家園。

自然魔法的實踐始終涵蓋著一種生活方式。如今，這可能包含回收利用、植樹、共乘、節約用水、避免使用塑料和關閉空調。採取這些小小的行動來保護我們的環境，同時也能提升我們咒術和儀式的有效性，因為我們證明了我們尊重大自然，以及地、風、火、水等元素。

這許多的自然魔法技術讓我們在心中對我們的星球和我們的生活逐漸產生一種神奇感受。

史考特．康寧罕

1990年11月1日於聖地牙哥（San Diego）

Basics of Magic

Part 1

魔法基礎

第一部分

這就是魔法

This is Magic

1

✦

一個人影在交纏的樹幹之間移動，尋找空地。很快地，古老的橡樹分開，露出一條小溪。女人跪在溪邊長滿青草的河岸上，雙手放在地上，地球能量的穩定脈動為她帶來慰藉。

她收集一根根翠綠色的草，同時感謝這些植物的犧牲。當她收集到十三根草時，她將它們握在手掌之間，靜止了一會兒。

女人閉上雙眼，口中彷彿念念有詞。她的臉部緊繃，風拉扯著她的衣袖。內在力量讓她的肩膀顫動。女人站起身，將草拋向空中，同時傳送她隨之升起的能量。

小草迎風飄過小溪，落在遠處的河岸，女人感覺到草的力量在地下閃現，使她的能量開始運作。

結束了，她躺在河岸上，感受陽光的溫

暖、微風的涼爽，以及大地的支持。當她回想自己簡單的動作和這些動作所激發的力量時，附近溪流的涓涓細流使她陷入平靜的沉思。

女人默默地道謝。她從河岸起身，再度穿越樹林，從公園走路回家。當她和她的貓打招呼，拿起一本書在爐火邊閱讀時，太陽已經把西方的地平線染成了鮮豔的紅色，她感到滿意，因為她的療癒咒術已經成功了。

這樣的魔法儀式敘述或許看起來不可思議，但本書中留存的就是這類的魔法：溫柔、充滿愛的療癒系魔法。這些頁面中沒有潛伏的詛咒；沒有充滿仇恨、猜忌或嫉妒的儀式。

如果這讓你感到驚訝，那我很高興能成為你進入真正魔法領域的嚮導，因為這才是真正的魔法，用自然能量鍛造，充滿愛意，而且我們在發送這樣的魔法時就知道這會帶來正向的改變。

魔法就像地、水、火和風一樣自然；沒錯，甚至就如同一根草般自然。許多人在簡單的魔法儀式中找到生活各種挑戰的解答。自然魔法（運用大自然的力量，再加上我們身心力量的實踐法）始終都是人類經驗的一部分。

這樣的魔法仍在延續著，它存在於無盡的草原之中、在柏樹環繞的河口旁、在炙熱的沙漠中、在摩天大樓的陰影下。自然魔法師與大地的能量合作來轉化自己和他們的生活。

本書是實用的正向魔法指南，任何人皆可運用這些或類似的儀式來將和諧帶入自己的生活。

在實行自然魔法時，我們也在和大地調頻。

魔法絕不是虛無縹緲的靈性追求，而是一種與地球合作，運用我們共同的力量，來為我們自己和我們的星球創造更美好未來的手段。

輕快地走路……深沉地呼吸……不要造成任何傷害……並探索魔法為我們帶來的奇蹟。

魔法技術

Magical Techniques

2

✦

如果這是你首度踏入這魔法森林世界之旅，那或許這條路會看起來很陌生，你可能會面臨不熟悉的詞語和概念，本章便是帶領你穿越這強大地帶的地圖，我們將在此為你提供有效魔法施做的必要內在工具。

更多關於不常見詞語的資訊可查看本書後面的詞彙表。

✦

能量

✦

許多人以為魔法就是要寫下神祕的符號、念著令人費解的字句、繞著裂開的石頭倒退走等不尋常的行為，他們相信魔法就是要用這樣的方式開始和結束。

事實上這類的行為是魔法中最不重要的部

分，除非這能協助魔法師接觸各種形式的能量，否則就不具任何意義。魔法確實可由一個人在沒有任何的動作、不觸碰實體工具，甚至不念任何的力量字句的情況下就能執行。對某些人來說，這是最強大的魔法形式，因為只會運用到我們身心的力量，但這並非自然魔法。

儘管魔法使用的能量源自一個共同的來源，但可以有很多種展現的形式。此外，魔法能量也存在於非實體的形式（這確實就是宗教儀式所使用的力量）。

以下將說明自然魔法所使用的兩種能量。

個人力量

讓我們先從源頭，也就是「你」開始談起。你已經很熟悉這魔法力量的來源，當你跑上一段樓梯、觀賞一部令人震撼的恐怖片、生氣，或是感覺自己陷入愛河時，你已經感受到這股力量了。這就是自身的能量，源自我們身體的力量。

當我們的健康狀態良好時，我們的身體可產生龐大的能量，任何曾超越人類極限的運動員都能夠明白。這樣的能量來自大地，讓我們的身體可以將食物、陽光、新鮮空氣和水轉化成可用的力量。通常我們會用這樣的能量來維持良好的健康，以及如運動、工作、睡覺、學習、思考和性愛等日常活動。

在魔法中，我們會將部分的能量轉移至其他的目的上。我們會提升個人的力量（透過繃緊肌肉），專注在某個目標上（透過觀想），然後釋放力量來實現目標。這是很簡單的程序，和集中注意力徹夜學習、跑馬拉松、完成藝術作品，或是寫一首詩等行為相較下並沒有太大的不同。儘管過程不同，但意圖都是一樣的：我們將能量導向至一項計畫的完成。

然而在魔法上，我們是有意識地釋放這樣的能量，因此這會加速創造出我們想要的改變，以下將探討實行的方式。

個人力量通常會透過身體的投射手（projective hand）釋放。投射手就是我們習慣用來書寫的手。如果你可以左右開弓，那用哪一隻手都可以。

> 請注意：施展魔法期間，從身體釋出的能量不至於大到會傷害魔法師的健康。

大地力量

第二種魔法能量的來源來自大地本身。我們當中曾欣賞過一片樹林、一叢野花、平靜的湖泊或是洞穴的人，已經感受到存於大地之內的某種能量。

魔法師可從自然物品中感受到更大量的能量，並選擇它們（依形式而定）作為儀式中的魔法電池。這些自然工具的形式包含石頭、植物、湖泊、海洋、暴風雨、風、火焰等等，每種工具都各自具有適用於特定魔法變化的能量。

在自然魔法中，我們結合個人力量與大地力量。這可透過某些儀式來完成，目的是創造我們所需的改變，而變化的種類決定了我們要使用的大地力量形式。

我們透過接受手（receptive hand）吸收大地的力量（以及各種不源自我們身體的能量）。接受手即先前描述的投射手的另一隻手，我們大多數人的接受手是左手。

大地力量分為四個主要部分：地、風、火和水，也就是四元素（見第4章）。

✦ 需求或目標 ✦

沒有需求就無法執行魔法。需求實際上可以是任何東西，從減重或尋找愛情，到通過考試或支付舊帳單。需求必須是一種全心投入的熱情，而不是天馬行空的願望。

需求不應是不可能達成的事項。執行儀式想讓自己用肉體飛行（而沒有任何的飛行器）、和（你從未遇見過的）知名電影明星結婚，或是贏得樂透（當還有幾百萬人都企圖想做同一件事時），這只會為你帶來失望。

因此，請讓需求保持簡單且可實現，如果你能做到，你的魔法就會如願地成功。

✦觀想✦

這是每個咒術中都很重要的一環。觀想是指我們在心中創造影像的自然過程。在魔法中，我們會創造出代表需求的影像，並驅逐跟困境相關的所有影像，因此請將自己視為健康富裕的，而不是生病和貧窮的。

我們的觀想能力是最重要的魔法工具之一，我們可以在我們的心中創造（看見）未來。施做魔法期間在心中創造影像，可為我們提出的目的和方向賦予力量。

在練習觀想時，可在心中想像一個電視螢幕，用這個螢幕收看自己的畫面（可照鏡子或看自己的照片來更新記憶，然後在心中想像自己的樣子）。一旦你能成功從雙耳間的顯像管看到自己的影像，就可開始練習「看見」你最要好朋友的臉、你的貓、狗或鳥；你最愛的政治人物，或是完美的紅蘋果。確實**看見**這些影像，讓它們栩栩如生：加上色彩、變得立體。

下一步就是擴大你的想像：看見自己，但是看見自己正在開車、住在新的公寓裡、通過考試，或是得到令人滿意的工作。這就是你在進行儀式和咒術時要做的事：就像已經發生一樣，觀想你所需要的改變。

觀想就像魔法的方向盤，可確保能量前往適當的地方，但我們許多人對於執行這項程序會有困難，這就是為何在自然魔法中經常會使用符文、照片、繪畫和其他工具來讓我們集中注意力。這些工具本身幾乎不具力量，但可作為我們集中注意力的焦點，讓我們刻上帶有需求的能量，最終將力量導向我們的目的地。

✦ 咒術 ✦

咒術即魔法儀式，通常為非宗教性質，而且經常會用到符文，或是象徵性的行動和言語。咒術是一系列特定的動作、工具的運用，以及內在的歷程（例如觀想），用來創造特定的顯化成果。

咒術就是咒術，古老的咒術不會比新的咒術更有效（見第19章），但為了顯化你的需求，咒術的設計必須滿足以下三項條件：

1、激發個人能量（而且在自然魔法中，還必須結合大地力量）；

2、能量編碼（透過觀想）；以及

3、釋放能量。

本書涵蓋各種類型的咒術，每項咒術的設計都能實現這三項條件，但這需要魔法師的協助。咒術唯有透過魔法師之手才會真正成為魔法，一旦你開始施行魔法，你就是魔法師。

✦ 灌注能量 ✦

這是自然魔法的一種面向。灌注能量是將個人力量傳送至特定物品或地方（例如一盆水、一根蠟燭、一片樹葉）。若要為某物灌注能量，請用你的投射手拿著這項物品，觀想你的需求，提升個人力量（繃緊肌肉直到顫抖），並透過投射手將能量從身體釋放出去，讓能量進入物品中。

就是這麼簡單。

✦ 魔法誦音 ✦

在背誦具有力量的魔法韻律與字句時，請用你最堅定有力的聲音，因為輕柔的語音會減弱字句的有效性。這些字句是用來打動**你**的，而不是用來打動什麼外來的實體或神靈，因此請盡可能用力地將它們念出來。

當然也會有必須輕聲說出這些字句的時刻。在這種情況下，請盡可能投注最多的情感，也會帶來同樣的效果。

不必擔心要一字不漏，漏掉一個字並不會影響咒術的效果。但如果你感覺注意力不集中，而且在念錯一、兩個音後你的觀想畫面變得模糊，或許最好停下來，稍微倒回去，再重複一次字句。

有些咒術並不需要念出字句。事實上，在自然魔法中，觀想遠比字句更重要。字句是用來強化你自身的能量，喚醒情感，並微調你觀想的畫面。字句是載你通往目的地的交通工具，而非目的地本身。

✦為各種儀式做好準備✦

這是在家執行魔法儀式之前的待辦清單。許多儀式可在其他地方進行，而且確實在戶外會更有效。如果你在海灘上施做魔法，就不必擔心電話鈴響。

1、確保執行咒術期間不會被打擾。這可能包含關上門並上鎖；拉上窗簾（除非你不會從窗戶被看見）；關掉電話（或是拔掉插頭，並將答錄機的音量調小）；你以及／或告知同住家人你不希望被打擾。這是為了確保自己可以保持專注；你不希望在儀式期間還要擔心會有人走進來。如果有需要，可在深夜其他人都入睡後再進行儀式。

2、為儀式做好身體上的準備。洗澡或沐浴，然後穿上潔淨的衣物，最好是棉質衣物（如果可以的話，請避免在自然魔法中穿著合成纖維材質的衣物）。沒有必要穿著長袍，而且如果你不穿衣服比較自在的話，你甚至不必穿衣服。

3、確保你的需求是真實且可行的需求。儘管你應該過去就這麼做過，但決定使用其他儀式永遠不嫌晚。有些魔法師會在執行各種魔法之前先進行占卜（請參考詞彙表）的動作來探索相關問題和解答的真正性質。既然你是為自己施做大部分的咒術，這個步驟大概並非必要。

4、開始前先深呼吸一會兒，這可讓你的心靈平靜，為身體做好準備，並讓你開始專注在自己的需求上。

✦執行儀式✦

1、收集所有必要工具。

2、舒適地坐著一會兒，深呼吸，專注在你即將做出的改變上，摒除所有關於這個問題的想法，只想著解答。

3、在開始使用工具的同時進行觀想，如有需要可為工具灌注能量。

4、如果有咒語的話，請念出來或唱出來。

5、繃緊肌肉，以增強體內的力量。此外，用你的接受手拿著你選擇用於這項咒術的自然工具，緊握工具（或依特定咒術而定的方式），從工具中汲取能量。

6、當力量達到高峰，當你為了控制力量而感到顫抖時，請將力量釋放出去。放鬆身體的肌肉，並透過投射手將身體的力量排放出去。你可將力量傳送至蠟燭、石頭、火焰、一杯水，或是其他的物品上。用意志力將能量送出，並感覺到能量離開你的身體去發揮作用。

✦ 為何要以身犯險？ ✦

我指的當然是施做邪惡的魔法。魔法有一些規則，而且非常簡單且容易遵守：

1、不要施做會打擾、惹怒、危害、傷害或殺害他人的魔法。

2、不要施做會束縛、影響、操縱或控制他人的魔法。

3、不要施做試圖贏得某人的愛的魔法。

4、不要施做試圖從他人身上獲取性愛好處的魔法。

5、不要販售你的魔法咒術。

6、不要施做滿足私慾的魔法。

7、在未經本人的許可下，不要為他人施做任何種類的魔法（即使是有益的魔法）。

以上並非我個人的準則，而是由經驗豐富的魔法師在這數千年來所發展出來的準則。基礎概念是魔法是可為個人帶來正向轉變的美妙工具，但若濫用魔法（即違反以上的規則），就會讓魔法淪為邪惡的工具。

魔法的樣貌由你所決定。此外，魔法也會影響到你。如果你施行控制他人的魔法，他人也會控制你。如果你施行傷害他人的魔法，他人也會傷害你。如果你施行滿足個人私慾的魔法，就會發生一些狀況來加以摧毀，萬試萬靈。

你所專注的能量種類，也會在你內在建立同樣的能量。很快地，你就會成為自身咒術的受害者。我已盡我所能說明執行這類魔法的危險性了，那為何要以身犯險？

✦ 為他人施做魔法 ✦

為他人執行魔法是可行的……前提是要先獲得本人的允許。這可能聽起來很荒謬，但這是基於簡單的概念：首先，即使是很要好的朋友，而且施做的是有益的魔法，但為他人施做魔法就是一種操縱。在未經本人許可的情況下進行，確實就是一種魔法妨害行為。

再次強調，最好詢問朋友是否想要咒術的效果。很多時候我們並不了解朋友的生活，可能會誤解他們的語話和行為。執行咒術來修復假想的狀況只是浪費我們的時間和能量。在搬出蠟燭和藥草之前，最好還是先和本人聊過，深入了解狀況，並取得他們的祝福。

魔法通常是自我轉變的工具。我們會用魔法來改善我們的生活，也能為他人施做魔法，並帶來良好的效果，但必須先取得本人的許可。

✦ 魔法生活 ✦

本書匯集了各種與我們周遭的世界相連結的咒術和魔法儀式。在執行這些或類似的魔法施做時，許多人的意識也開始進入全新次元。他們不再將自己的生活視為無止盡的考驗、失望和失敗，而是歡愉的慶典，也是與其他人類、動物、大地，以及創造萬物的造物主的結合。

這就是自然魔法帶來的影響，為我們拓展全新的體驗，讓我們看見一直近在眼前的事物：為雲朵鍍上銀色光澤的滿月、潮汐的輕柔起落、向日葵以滿滿種子構成令人炫目的對稱性、風的輕撫。

這視野的擴展讓許多魔法師意識到，魔法其實一直在他們的生活中運作著；而這是我們人類的共同傳承。這樣的理解，再加上延續的魔法活動，我們相信生活本身就是魔法的歷程，我們開始過著魔法生活。

魔法生活並不是指只將時間花在施咒、收集藥草和唱誦咒語的生活，而是一種可以神奇地感受到大地微妙而真實的能量的生活。在這樣的生活中，我們可以感受到自然循環為我們帶來的轉變，而身為人類的我們也能懂得尊重這形塑我們生活，甚至賦予我們生命的未知力量。

我們仍持續做著我們的工作、照顧我們所愛的人和支付帳單，但我們也能從微笑中看到魔法綻放，在植樹時感受到大地的感謝，並在太陽沒入西方地平線以下時聽見風兒在歌唱。

魔法生活是很容易實現的，當然也是很值得去追求的，因為在這提升的生活方式中，問題就會變成解答，疑慮會變為希望，生活本身會轉變為更快樂、更令人滿足的正向體驗。

即使魔法師無法從魔法中獲得其他的好處，但他們的努力始終是值得的。

魔法工具

Tools of Magic

3

✦

自然魔法有別於這門技術中大多數其他的魔法派別，操作者無須花上數年時間收集或費心打造寶劍、長袍，甚至是魔杖。而且自然魔法最重要的工具是無須分文的：天空、我們腳下的大地、海灘和沙漠。

然而，在實行這項技術時還是需要一些實體的工具和用品，但大多數都可輕易取得，而且不需要太多的花費。本章節只會提供簡短的介紹，部分工具（例如蠟燭和鏡子）將會在後面的章節進行更詳細的說明。

如果可以的話，讓這些工具專供魔法用途使用。在使用這些工具之前，無須進行特定的準備儀式。

以下是最常見的實體工具以及魔法用品清單：

- 任何種類的刀子，用來收割藥草、剪線和在蠟燭上刻符文。任何種類皆可，但傳統上會使用有白色握柄的刀。請使用你能找到的任何一種刀子。
- 小碗。你會需要至少兩至三個小碗來裝水、藥草和其他的魔法物品。在進行各種咒術時，你也會需要較大的碗、盤子，以及其他常見的餐具。
- 用來剪紙的一把小剪刀。
- 燭台。請選擇金屬或玻璃燭台。
- 有蓋玻璃瓶，用來儲存藥草，以及在儀式時裝入各種物品。
- 藥草，包括迷迭香、丁香、鼠尾草、乾燥和新鮮玫瑰、羅勒、肉桂、百里香等等，視使用的咒術而定。有些儀式只需要用到「葉子」或「花」，因此可能會用到各式各樣的藥草。本書提及的藥草都非常容易取得。
- 蠟燭。請隨時儲備各種顏色的蠟燭，以備不時之需：白色、粉紅色、橘色、黃色、綠色、藍色、紫色、白色、黑色和棕色。
- 石頭。可以是在海灘上、河中，或是土裡找到的鵝卵石。有些咒術需要其他種類的石頭，但這些石頭都不貴。

• 許多咒術會需要用到布。請選擇棉布，或是如果真的找不到其他的布，也可以使用毛氈。請備妥各種顏色的布。

• 用來固定和綁緊布料和蠟燭的線或紗線。棉線和毛線的效果似乎勝過合成纖維（就魔法的施做而言）。

• 用來點蠟燭的火柴（打火機就是不具備同樣的魔法效力）。

• 紙張。可以是單純的白紙，或是各種顏色的紙，依使用的目的而定。

• 用來畫魔法象徵的鉛筆和原子筆。

• 小釜或鐵鍋，用來燒東西或點火。此外請另外準備一個小的金屬杯，用來裝用過的火柴。

其他需要用於各種儀式的物品包括黏土、各種顏色的沙子、風鈴、圓形和方形的鏡子、冰塊、雪等許多物品。大多數只有偶爾會用到，不需要事先儲備。

✦ 魔法場所 ✦

你上次使用工具的地方就是你的魔法場所。這有時會被稱為「聖壇」，儘管這並非適當的用詞，除非你施做的是宗教魔法。魔法場所是強而有力的地點，我們可在這裡集結能量，並帶來魔法上的變化。

魔法場所可以是任何地方：僻靜的森林空地、你最愛的樹或仙人掌下的地面、海灘，或是隱密的洞穴。儘管通常魔法場所會靠近你家：自家的後院或是臥房的一隅。最好挑選一個你最愛的魔法場所，並在此施做大部分的咒術和儀式。

室內儀式通常需要一張桌子，或是其他平坦的平面。梳妝檯的桌面即可，廚房餐桌，或甚至是地板也可以。我們會在這裡點蠟燭、放上沙子，並畫上符號。

儘管你會在戶外執行許多咒術，但使用固定的場所進行你的室內儀式（即使就在你床邊）將會增加魔法的有效性。

每次儀式前請先淨化你的魔法場所。

最有力的自然魔法工具就是你自己、湖泊、沙漠、山脈、海灘、森林，以及其他的能量來源。戶外儀式需要的工具往往比較少。

以上就是部分的魔法工具。願你能帶著愛、尊重和智慧來使用這些工具。

元素

The Elements

4

✦

在我還很年輕時，我在學校裡看了不少紀錄片。在那個時候，每當學校宣布要放映影片時，通常會被視為「真正的」課間休息。有時也會有昏昏欲睡的時候，像是華特．克朗凱[1]對我們說「You Are There」時，或是當毛茸茸的小東西在絢麗的色彩中彼此吞噬時。

但還是有一些影片很有趣，而我特別關注和河川、山脈、火山、海洋，以及天氣相關的影片。

我還記得有這樣一部影片，在敘述河川的侵蝕作用形成峽谷後，畫面充滿了陡峭且稜角分明的懸崖和壯觀的風化山脈。旁白說：「看看大自然的元素如何雕塑這些山丘。」

1　Walter Cronkite，冷戰時期美國最負盛名的電視新聞主持人，CBS的明星主播，被譽為「最值得信賴的美國人」，《You Are There》是他主持的CBS美國歷史教育節目。

這就是我對元素的初步認識。旁白指的當然是風、水和太陽，以及天氣如何形塑和轉化我們的自然景觀。但「元素」一詞就這樣永久銘刻在我心中。

幾年後我才發現這一詞的起源。

我開始明白元素指的不只是天氣而已，它們被視為宇宙的四大創造能量。這樣的概念早在古希臘時期便已成形且完備，直到現在仍為許多魔法師所接受。

我依據四元素將本書命名為：《史考特．康寧罕的元素魔法：向風、火、水、地四元素借力》。本書所涵蓋的儀式在某種程度上都與這四種宇宙能量有關。本章含有關於這四種元素各自簡短的討論，包括基本性質、相關工具、符文、儀式種類，以及其他的魔法資訊。我刻意讓討論保持簡短，因為要了解這些元素的最佳方式是和它們合作。

每一種元素在人類生活中都必不可少，都具有正面和負面的面向，而且每種元素的作用就像是對其他元素的制衡。地球若沒有水分的滋潤，沒有火的溫暖，沒有空氣的圍繞，就會是死氣沉沉的星球。唯有四元素的和諧運作才能創造並延續生命。

在閱讀這些討論時，請記住，這些元素會同時以有形的形式（例如一把土壤），以及無形、非實體的形式存在。此外，所有的元素都來自阿卡夏（akasha），即所有能量的源頭，這將在本章的最後另外探討。

✦ 地 ✦

大地是我們的母親，像農田般肥沃和滋養；像土壤般濕潤且像沙子般乾燥。在地的有形展現中（例如石頭），地代表著最稠密的元素。

將手貼在新鮮的土壤上，感受它的穩定、質樸。要知道我們就是在大地肥沃的表面上種植食物；在大地上過生活；將我們的逝者埋葬在大地之下。

沒有大地，我們便無法像這樣存在，但我們的星球只是這種元素的一種展現，真正的地能量也存在於我們體內，以及整個宇宙之中。

以下是一些大地的象徵性聯想，在思考這最基本的元素時，也可以想想這些相關的層面。

基本性質：肥沃、濕潤、滋養；穩定、接地。重力是這種元素的一種展現。

能量種類：樂於接受；以下元素的能量種類建議統一：水地是接受性的，風火是投射性的。

顏色：綠色（活植物的顏色）。

地點：洞穴、峽谷、深淵、森林、樹叢、山谷、原野、農田、花園、植物園、公園、苗圃、菜市場、廚房、幼兒園、地下室、礦坑、洞。

儀式：金錢、繁榮、生育、穩定、接地、就業。

儀式形式：埋葬、種植、在土壤或沙地上畫圖。

藥草：有土味的植物，例如廣藿香和岩蘭草；苔蘚和地衣；堅果；耐乾旱與硬質植物；多肉、矮生植物；一般的根莖作物。

石頭：重的或不透明的石頭，例如煤；綠色的石頭，例如綠寶石和橄欖石。

金屬：鐵、鉛。

樂器：鼓、所有的打擊樂器。

生物：狗、馬、蚯蚓、地鼠、螞蟻、乳牛、穴棲動物。

季節：冬季（陰暗的時刻）。

方向：北方（最陰暗的地方）。

時間：夜晚。

魔法工具：五芒星（木頭、金屬材質，或是刻有五芒星的黏土盤）。

人生階段：老年。

星座：金牛座、處女座、摩羯座。

感官：觸覺。

自然象徵：鹽、含新鮮土壤的黏土盤、岩石、小麥束、橡實。

符文：🜃 ⊕ □

主宰的魔法種類：園藝、磁鐵、圖像、石頭、樹、結、束縛。

✦風（空氣）✦

科學家和魔術師或許對這個元素抱持著不同的看法，但都同意它對人類的生存來說至關重要。

沒有空氣，我們就會死去。

風是活動的力量，帶來清新和智慧。看不見，但卻是我們每天呼吸的真實混合氣體。就魔法的角度而言，風也是心智的力量：智能。

前往空氣潔淨的地方深呼吸；觸摸一根羽毛；從香氣濃郁的花朵吸入芳香；研究葉

脈複雜的葉子；體驗這個元素展現的奇觀。但也請記住，我們本身也具有風的能量。

以下是一些和風相關的聯想：

基本性質：飛行、移動、清新、智力、懸浮。聲音也是這種元素的展現。

能量種類：投射。

顏色：黃色（太陽的黃、黃昏時的天空）。

地點：山頂、受強風侵襲的平原、多雲的天空、高塔、機場、學校、圖書館、辦公室、旅行社、精神科醫師辦公室。

儀式：旅行、教學、學習、自由、知識、找回失物。

儀式形式：將物品扔至空中、將工具掛在高處、對較輕的物品搧風、觀想、正面思考。

藥草：芳香植物，如許多的花；辛香植物，如蒔蘿等料理用植物；輕盈、葉脈細或隨風飄揚的植物；通常指樹葉。

礦石：重量輕的礦石，例如浮石；透明的礦石，例如雲母。

金屬：錫、銅。

樂器：笛子，所有的管樂器。

生物：蜘蛛、大多數的鳥類、有翅昆蟲。

季節：春季（生氣勃勃的時刻）。

方向：東方（日出的地方）。

時間：黎明。

魔法工具：魔杖。

人生階段：嬰兒期。

星座：雙子座、天秤座、水瓶座。

感官：聽覺、嗅覺

自然象徵：羽毛、焚香、芳香的花朵。

符文：

主宰的魔法種類：占卜、專注、觀想、風系魔法。

✦ 火 ✦

火是創造者，也是毀滅者。它可溫暖我們的家園、烹飪我們的食物，並點燃我們的熱情。不像其他的元素，如果不消耗其他的物品，火便無法以實體的形式存在。因此，火可將物品轉化為新的形式：熱、光、灰燼和煙霧。

在陽光普照的日子裡，可在中午到戶外去，將接受手貼在溫暖的礦石上；聞嗅正在燃燒的火所冒出的煙；凝視蠟燭的火焰。讓自己沉浸在火的能量中，並了解我們體內也存有這樣的能量。

火必須在受到控制的情況下才能使我們受益。當我們點燃蠟燭，我們就是在召喚火的力量，但我們同時也必須加以限制，如果要讓有形的火發揮作用，這是必要的。但即使是熊熊的森林大火都會對大地帶來幫助，清除矮樹叢，並促使休眠的種子迸出新生命。

以下是一些與火相關的魔法聯想：

基本性質：淨化、具破壞性的、清理、精力充沛的、性愛的、強而有力的。熱是這種元素的展現。

能量種類：投射。

顏色：紅色（來自火焰的顏色）。

地點：沙漠、溫泉、火山、烤箱、壁爐、臥房（進行性愛的地方）、重訓室、更衣室、三溫暖、運動場。

儀式：保護、勇氣、性愛、能量、力量、權威、消除負面能量。

儀式形式：燃燒或悶燒；加熱。

藥草：如薊、辣椒和九重葛等帶刺、會扎人或熱辣的植物；如仙人掌般的沙漠植物；如咖啡豆等可增強活力的植物；通常為種子。

礦石：紅色或火紅色的礦石，例如紅碧玉；火山生成的礦石，例如火山岩；透明的礦石，例如石英晶體。

金屬：黃金、黃銅。

樂器：吉他、所有的弦樂器。

生物：蛇、蟋蟀、蜥蜴、螳螂、瓢蟲、蜜蜂、蠍子、鯊魚。

季節：夏季（炎熱的時刻）。

方向：南方（炎熱的方位）。

時間：中午

魔法工具：刀子。

人生階段：青年時期。

星座：牡羊座、獅子座、射手座。

感官：視覺。

自然象徵：火焰、火山岩、加熱的物品。

符文：

主宰的魔法種類：蠟燭、風暴、時間和星辰。

✦ 水 ✦

水是淨化、療癒、靈性和愛的元素。在見到伴侶時，我們會受到淚水的洗禮；在游泳時，水會支持著我們；脫水時，水為我們賦予生命。日落後，露水灑落在植物上。暴雨（這種元素的一種展現）將我們淋濕。

品嚐純淨的水；用手掠過小溪、湖泊、水池或一碗水；感受水清涼的流動、輕柔的觸感；聆聽水滴入水池的聲音。在你做這些事時，請記住我們體內也含有水的能量。

這個元素的能量對我們人類的幸福至關重要，因為它涵蓋愛的本質。愛是所有魔法的根本原因。水即是愛。

以下是一些與水相關的魔法聯想：

基本性質：流動、淨化、療癒、舒緩、愛。

能量種類：接受的。

顏色：藍色（深水的色調）。

地點：湖泊、泉水、溪流、河水、海灘、海洋、水井、游泳池、浴缸、淋浴間、臥房（睡覺用）、健康水療、蒸氣室、噴泉。

儀式：淨化、愛情、靈能知覺、夢、睡眠、平靜、婚姻、友誼。

儀式形式：稀釋、放入水中、沖走、沐浴。

藥草：水生植物，例如睡蓮和海藻；肉質植物，例如多肉植物和萵苣；代表愛情的植物，例如玫瑰和梔子花；通常為花朵。

礦石：透明或半透明礦石，例如紫水晶和海藍寶；藍色的礦石，例如藍碧璽。

金屬：汞（水銀）、銀、銅。

樂器：銅鈸、鐘／鈴、所有共振金屬。

生物：貓、青蛙、烏龜、海豚、鯨魚、水獺、海豹、儒艮（海牛）；大多數的魚類和貝類。

季節：秋季（收穫的時刻）。

方向：西方（日落的地方）。

時間：黃昏。

魔法工具：杯子、大釜。

人生階段：壯年期。

星座：巨蟹座、天蠍座、雙魚座。

感官：味覺。

自然象徵：貝殼、一杯水。

符文：

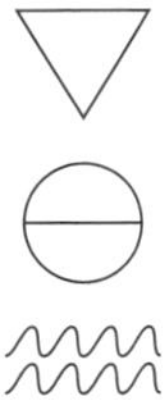

主宰的魔法種類：海、冰、雪、霧、鏡子、磁鐵。

✦ 阿卡夏 ✦

以上元素皆源自阿卡夏，即所有能量永恆不變的源頭。這是充滿潛力的領域，包含前景、還無人涉足的路徑、尚未成形的星系、太空。

阿卡夏也存在於我們的體內。有人說生命的火花、被稱為「靈魂」的未知力量就是儲存在肉體內少許的阿卡夏能量。

人們有時認為阿卡夏是以象徵性的方式存在於地球上，但它更常被視為元素之母（造物之母）。阿卡夏很少用於自然魔法中，但應了解它的部分性質。

首先，阿卡夏是不存在的，它的能量遍及整個宇宙，但還沒有實質的形式。它是創造並啟動元素的原始來源。

因此它含有完整、平衡的能量：地、風、火和水。以下的阿卡夏聯想表說明了它的普遍性，而且不是用於魔法的目的上。

基本性質：不可知。

能量種類：投射／接受。

顏色：紫色或黑色。

地點：太空；真空；虛空。

儀式：宗教性質。

儀式形式：無。

藥草：無。

礦石：無。

樂器：無。

生物：無（但也可以說是所有生物）。

季節：所有季節（但也可以說是無）。

方向：北方、東方、南方和西方；也包括內外；上下；完全缺乏方向和維度。

時間：永恆的星光。

魔法工具：無。

人生階段：懷孕前；靈魂意識。

感官：無。

星座：無。

自然象徵：無。

符文：無。

主宰的魔法種類：宗教。

預備儀式

Preparatory Rituals

5

✦

有些魔法師會在主要的魔法流程之前執行簡短的儀式前程序，目的是為魔法師建立適當的心態。在這樣的狀態下（我在其他地方稱之為儀式意識），魔法師可以意識到大地的自然力量，以及她或他的內在力量。在進行任何種類的自然魔法儀式之前，確實有必要達到這樣的狀態。

執行這類的儀式可喚醒我們內在的魔法，讓我們的身心靈為即將發生的魔法行為做好準備。這些儀式會開始讓白身能量覺醒，讓我們準備好迎接接下來的儀式。

這類的預備儀式絕非必要，但可視個人意願加以運用。儘管這些儀式本質上並不具有宗教性質，但個人如果有與大地相關的宗教傾向，當然可以稍微變更字句，將個人的宗教信仰納入祈禱文中。

在此介紹兩種儀式：一個是與元素調和的一般儀式，一個是要在午夜執行的儀式。而第三種與海洋調和的準備儀式可在第18章中找到。

萬用預備儀式

你需要用到的工具只有你自己、一顆小石頭或一碗新鮮土壤、一根掉落的羽毛、一根蠟燭，以及一盤水。

坐著或站在你要施做魔法的場所。你當然要獨自一人操作，而且屋裡必須安靜（這項儀式最好在室內進行）。

在桌上，將石頭或一碗土壤擺在北方；羽毛在東方；蠟燭在南方，而一盤水擺在西方。這些物品之間必須間隔約15公分的距離（你或許需要用指南針來辨別方位，或是單純注意太陽升起的方向，這將顯示約略的東方方位）。

深呼吸一會兒，用你的投射手觸摸土壤或石頭，說出類似以下的字句：

我召喚穩定、基礎和繁榮的力量。

在觸摸的同時，感受大地。感受它濕潤、涼爽的肥沃度；感受它柔軟而強壯的表面。觀想大地的力量向上放射至你的手中。

輕輕地撫摸羽毛，說出類似以下的字句：

我召喚清新、思想和活動的力量。

確實地感受這些力量，感受風吹拂過你的身體。

觀想你所見過最耀眼的天空。

將你的手掌擺在蠟燭的火焰上方，近到你可以感受到火的溫暖，同時說出：

我召喚轉化、愛和熱情的力量。

再次強調，請勿做不帶感情的召喚。可想想熊熊燃燒的火堆，憶起家人和朋友的愛，感受夏季陽光照射在肌膚上的熱。

觸摸水，同時說出以下或類似的字句：

我召喚愛、淨化和療癒的力量。

想像自己從瀑布上滑下或正在游泳，感受水滴噴濺至你的鼻子上，沉浸在這樣的感覺當中。

將你的手掌心朝下擺在這些收集而來的物品上，說出以下或類似的字句：

來自土壤，來自石頭，

來自被風吹拂的天空，

來自燃燒的火炬，

來自水的嘆息。

我在此召喚各種元素力量所集結之力

從你的根源來到這裡：

就在此時此刻！

雙手在代表各元素的工具上以順時針方向轉圈，同時說出：

地賦予我魔法！

風賦予我魔法！

火賦予我魔法！

水賦予我魔法！

這樣就完成了。

可提升力量的午夜唱頌

這可在任何午夜的施咒前完成。這時是寧靜的時刻，有利於魔法的施做。然而午夜並非是用來進行負面或邪惡儀式的時刻。

我們有些人會說我們恐懼黑夜，但我們懼怕的通常不是黑夜，而是我們相信會在夜裡伺機而動的東西。夜晚並不邪惡；它相對於白天，是月亮和星辰的領域。傳統上這是施展魔法力量的時刻，因為清醒的人較少，我們比較不會分心，我們的心靈是平靜的。

這項儀式最好在戶外進行，即便接下來的儀式是室內的儀式。如有需要，你可在敞開的窗前進行這項儀式。

在午夜前幾分鐘走到戶外，進入夜空中。站著，雙腳微微張開。將雙手舉起，感受夜晚撫慰人心且強大的能量滲入你的意識、掠過你的身體、拉扯著你的頭髮。

深呼吸三次。聆聽、等待，仰望漆黑的天空。如果有月亮或雲，就看著它們，否則就看著星星。讓自己平靜下來，為自己做好準備。

敞開你的意識，感受夜晚的真實生活，讓自己被夜晚的生命力所圍繞，感覺自己被它永恆的能量所環抱，感覺這些能量正在為你帶來轉變。

接著以壓低聲音的低語方式說出以下或類似的字句，將夜晚的元素力量帶入你體內：

噢，星辰在漆黑的夜空中流轉
噢，隱藏在光芒下的力量
蜷曲在漆黑地面的陰影
在夜裡守候的祕密
黑檀木瑰寶和貓頭鷹甜美的叫聲。
噢，深處縈繞不絕的力量
迷霧環繞天空
噢，祢持續令人敬畏的進程
帶著祢被遮蔽的光芒來到我身旁！
讓我充滿祢的魔力！
用祢神祕的力量將我包覆！
在這神祕的時刻來到這裡！

將手臂放在身體兩側。

不要害怕，大地涼爽的能量不能也不會傷害你，請欣然接受，吸收夜晚、天空和大地賦予你的力量，感受你內在發生的驚人變化。

向各元素表達你的感謝，朝向北方，舉起雙手向大地致敬。轉向東方，向風致敬，朝向南方向火致敬，接著朝西方向水致敬。

接下來，將雙手高舉過頭，深入夜色，然後輕輕觸碰你雙腳前方的地面。

時機已成熟，午夜的力量在你體內振動，這時已可施行各種正面的咒術。

Elemental Magic

Part 2

元素魔法

第二部分

地系力量

Earth Power

6

✦

冬季時，大地隱藏在深厚的雪層之下。春季時，濕潤的土壤熱切地用豐富的養分滋養著種子。大地受到夏季陽光的炙燒，並在秋季到來時散落著紅色、橘色、黃色和棕色的葉片。

大地就是我們的母親。實行這些或類似的儀式的同時也能將能量送還給大地。在本章的最後將提供可達成此目的的簡單儀式。

如果你住在鋪滿柏油路的大城市裡，打算到鄉間短程旅行以執行地系魔法，可造訪小溪、河流或沙漠並收集一些沙子。最重要的是，與大地協調一致，她便會提供你所需。

室內植物祝福法

我在我的許多書中都對植物和藥草做過詳

盡的介紹，但我總覺得自己寫得還不夠完整。以下就是一個例子。

在室內生長的植物完全仰賴它們的照顧者而活。如果執行得當，這種祝福法將確保植物能夠茁壯成長。務必要讓植物接受適量的日照、水分，並依建議的時間施肥。你將需要：

- 一盆室內盆栽植物。
- 一枝鉛筆或綠色原子筆。
- 一張邊長2.5公分的正方形紙張。
- 少量的水（如果植物是仙人掌，請參考下一個儀式）。

將室內盆栽和所有其他的物品擺在靠近你要種植植物處的平坦表面，或就直接擺在你要種植植物的地方。請使用鉛筆或綠色原子筆，在小張的紙上畫出健康且生氣蓬勃的簡單植物小圖，並繪製從中流出的能量線。在這麼做的同時，觀想植物未來的健康狀況。

接著用紙輕刷植物（有圖的一面朝下）為植物賦予愛和能量，可同時說出以下的字句：

嫩芽萌發
鮮花綻放
葉片展開
在此房間。
綠色植物
永遠強壯，
現在在此生長
這是屬於你的地方。
深深扎根
枝芽攀升。
隨此韻律的力量
植物即刻生長
就是現在！

在你說出以上字句時，不要去想過去在種植室內盆栽時可能發生過的失敗想法，這只會抵銷儀式的力量。

接下來，將紙折兩折，形成小正方形。將紙塞入土中，推至靠近盆栽內壁的地方。在這麼做的同時說出：

我賦予你力量！

將植物移至它新的家。一邊澆水，一邊說：

我賦予你生命！

放下空的澆水容器，雙手掌心向下，放在植物上方，說：

我賦予你愛！

植物就會長得很漂亮。

室內仙人掌祝福

仙人掌是植物，這無庸置疑，但它們是如此與眾不同，因此我專為它們打造了特殊的儀式。你將需要用到：

- 一個仙人掌盆栽。
- 一枝鉛筆或綠色原子筆。

- 一張邊長2.5公分的正方形紙張。
- 一個盤子。
- 一把乾淨的沙子。

本儀式的第一部分和上一個幾乎相同：在紙上畫出你仙人掌的圖，生命之流從四面八方湧現，觀想你的仙人掌蓬勃生長或是健康狀況極佳。

接著將紙張擺在盤中，圖片朝上。將沙子倒在圖片上。將你投射手的手指擺在沙上。看著仙人掌，觀想它處於絕佳的健康狀況，說出以下或類似的字句：

乾旱之地的居民
露水的祕密守護者
無人能用手觸碰你
但我可以觸及你的心
深深扎根
枝芽攀升。
隨此韻律的力量：

仙人掌生長吧！就是現在！

小心將紙拿起，同時盡可能保留多一點沙子在表面。將沙子以順時針方向繞圈的方式倒在仙人掌周圍的塵土上。將紙折起，塞至盆栽或種植容器的內壁旁，這樣就完成了。

沙阱

這是個簡單的儀式，目的是在負能量進入家中之前將它們「捕捉」。世界各地使用類似物品和裝置已有幾世紀之久。製作沙阱需用到：

- 一個可能裝過香料的小罐。應為玻璃罐，畢竟玻璃就是由沙子製造的。將罐子徹底洗淨並擦乾，移除所有的標籤，也必須準備一個可栓緊的蓋子。
- 兩種不同顏色的等量沙子。沙子的類型可能包括：灰白色的沙灘細沙；淡黃色的珊瑚砂（可在墨西哥灣和夏威夷的海灘上找到）；沙漠的橘色沙子；火山地區的紅色沙子；黑色的黑曜砂等等。請至野外尋找適合你短暫魔法儀式的沙子，或是至水族用品店、苗圃或工藝品店購買。如果你選擇購買，務必確定這些沙子沒有經過人工染色。

- 一根湯匙（小罐用小湯匙；大罐用大湯匙）。
- 兩個用來裝沙子的小碗。

在開始之前，先將一種沙子倒入罐子至剛好半滿。將這沙子倒在一個碗中。在整段說明中，我將稱這為1號沙子。

清潔罐子（如有需要的話），用第二種沙子重複同樣的動作，將沙子倒在它自己的碗中。這是2號沙子。

現在你已準備好了。將投射手擺在1號沙子上方，低頭看著1號沙子，看著它帶有投射性的保護力量嗡嗡作響並蠕動著。觸摸沙子，輕撫沙子。

2號沙子也重複同樣的步驟。

將罐子擺在自己面前，舀出一平匙的1號沙子，倒入罐中，同時說出以下字句：

沙阱

捕捉傷害

捕捉禍根

以及邪惡意志。

用湯匙裝滿等量的2號沙子，小心地倒入罐中，蓋在1號沙子上，同時說出一樣的字句。

繼續交替蓋上兩種沙子，並持續唱頌同樣的字句。重複至將罐子完全填滿為止。罐子裡的沙子應滿到在蓋上蓋子後，罐內的沙子不會再移動。

完成後，你的罐子應裝滿了一層層不同顏色的沙子。將罐子拿在手中，再度說出以下字句，同時進行觀想：

沙阱

捕捉傷害

捕捉禍根

以及邪惡意志。

將力量注入沙阱中。放在屋外有植物遮蔽處，埋在土中，或是（我最愛的備用方案）放入裝滿泥土的花盆中。如果無法這麼做，可將罐子擺在照得到陽光的窗戶前，沙阱就會開始發揮作用。

順帶一提，沙阱對喜愛魔法物品的朋友來說會是很好的禮物，請在他們同意下製作，並為沙阱注入愛。

黏土咒（用來修補破碎的心）

你將需要少量的黏土。紅土最適合用於這項咒術，但任何種類的黏土皆可使用。另需少量的水（如果需要處理黏土的話）、一張蠟紙，以及任何種類的圓盒。

用左手的拇指和無名指指尖，將黏土捏成一個圓圈。將黏土揉捏至平順，同時想著令自己心碎的狀況。確實將你的沮喪、憤怒和痛苦注入黏土中。用拳頭猛擊、用力擠壓、弄碎成小塊……但也要一直重塑成球（注意：不要怪罪他人！）在施行這項咒術的過程中用手指沾水（如有需要的話）。

這時，在蠟紙上將球揉成一個厚實的扁平圓圈，揉捏成一個約略的心形。將心形從紙上拿起，用雙手拿著，將心撕開，說：

過去的已經過去。

幾秒鐘後，輕輕地將碎片放回蠟紙上，然後拼回心形，將裂開的邊緣撫平，直到心形恢復原狀。釋放所有你對這段關係感受到的憤怒、恐懼、怨恨和罪惡感，肯定這些情緒如今已經過去。說：

過去的已經過去。

小心地將心形黏土拿起，擺在自己的心上，將冰涼的黏土貼在自己的肌膚上，感受能量進入自己體內，為你帶來療癒和撫慰。

結束後，將心形黏土放入圓形的木盒或紙盒中，將黏土留置在盒中，以備不時之需（如果黏土變硬了，可用玫瑰花瓣填滿盒子，作為你愛自己的象徵）。

書本綁定儀式（確保書本的歸還）

我們這些會研究自然魔法古法的人通常很愛書，而我們的嗜好往往讓我們會將這些書借給友人。遺憾的是，將書借出也可能意味著我們再也見不到它了。

書本綁定儀式就是為此而生，運用的是結魔法（我在《大地魔法》的第12章中曾討論過）。綁定和繩結都是由地元素所掌管，因此我認為這項咒術可在本章中找到自己的位置（除此之外，它似乎不屬於其他地方）。

在自然魔法中，繩結是既能代表無形目標（例如歸還借出財物）又能吸收自身能量的實物。以下咒術便是用這種方式運用繩結的力量。

本儀式並不是用來強迫或脅迫其他人歸還書籍；這是確保會歸還書籍的咒術。這並不會影響借用者，只會影響書籍本身。

以下是施做的方式：

在你將書借出之前，請將書拿在雙手掌心之間，將自身的能量傳至書中，同時說出：

透過山和風，
透過火焰和溪流，
藉由明月和海洋，
我施加綁定咒
於此書上
讓它歸還於我。

將約30公分的純白棉線纏繞在書上，打結以固定棉線。打上緊緊的結，但仍保有足夠的鬆弛空間，讓你可以在不解開繩結的情況下，將棉線取下。在你打結時，觀想這本書回到你身邊，同時再次說出：

透過山和風，
透過火焰和溪流，
藉由明月和海洋，
我施加綁定咒
於此書上
讓它歸還於我。

將打結的棉線取下，收在某個隱密的地方。在你實際將書借出時，再度說出這段文字（即使是低語也好），這本書便會確實地歸還給你。一旦你的書返還，就將繩結解開或剪斷，它的任務已經完成。

大地儀式

這不是咒術，而是用來將能量歸還大地的魔法儀式。

不要點蠟燭，不要焚香，請到杳無人跡的野外執行這項儀式。如果做不到，那就在自己的魔法場所進行這項儀式。在那裡準備好一盆盆栽植物或四顆普通的石頭（請勿使用人工開採的石英晶體）。

坐在地上，雙手放在下方的泥土上（如果是在室內，就將手放在植物或礦石上）。想像自己從太空中看著地球，觀想地球是藍白色的球體，充滿正面、完整和治癒的能量。將地球視為活物，去感受她。

準備好時，說出以下或類似的字句：

純淨如洞穴和平原
純淨如草地和山丘
純淨如風和天空
純淨如湖泊和山丘
純淨如雲和雨
純淨如森林和樹木
純淨如深谷
純淨如海灣和海洋。

更新你觀想的畫面，接著再度開始念出：

純淨如鳥兒飛翔

純淨如獵犬和蝙蝠
純淨如魚和鯨
純淨如野兔和貓
純淨如夜梟和蛇
純淨如雄鹿和鹿群
純淨如綠蜥
純淨如在此的所有生物。

再次更新你觀想的畫面，感受大地，不去想人類對我們星球造成的嚴重破壞，觀想地球是已受到治癒的完整存在，接著說出以下或是任何浮現在腦中的字句：

如同我接收你的能量，現在請接收我的能量。

透過掌心將你個人的力量傳至大地（或是礦石或植物中），緩緩地將這力量以螺旋方式向下傳入我們的星球，賦予它生存的力量。心甘情願地獻出自身力量一會兒，同時觀想閃耀的藍色星球高掛在天空。

經過一段時間後，將雙手抬起並站起，便可結束儀式（如果是在室內執行這項儀式，請將礦石或盆栽放在戶外的地上，讓大地可以吸收能量）。

這樣就完成了。

風系力量

Air Power

7

✦

我站在朋友的花園裡，欣賞月光下的玫瑰，接著仰望浩瀚的天空。這是個晴朗的夜晚，當我看著星星時，有東西從旁邊掠過。

我好奇地看了月亮一眼。這時，一群鳥兒從我頭上飛過，趁著銀白色的光線回到牠們附近的築巢地點，而牠們飛行的高度遠超過我曾見過的鳥群飛行高度。我經常在無意間看到鳥兒，但在那個神奇的夜晚看見牠們，牠們完全自在地在牠們的元素中翱翔，我受到這些有翼生物的純粹美麗所震撼。

鳥總是與風元素相連，人們羡慕地看著牠們飛上天空已有幾千年之久？我們的祖先或許曾聲稱擁有部分的土地，但天空是只屬於鳥兒的。

然而，人類開始違反自然法則。中國發明了風箏，而且有時會有人綁在這些風箏上。接著是熱氣球，還有飛機、噴射機、直升機、微型飛機，以及滑翔翼。但人力飛行器一直到很後來才化為現實。直到現在，我們仍仰賴機器將我們推向鳥兒的領域。

在現代機場的跑道之間，鳥兒在現代人類飛行器的視線範圍內築巢。我不怪牠們。如果我是鳥，我也會自鳴得意。

空氣是我們的朋友。它是熱天裡的涼風；它是一封信或一份文書工作；它是一通電話或一次的談話。它是讓落葉四散，讓風帆鼓起的力量；它是火的相對力量。

本章中的儀式有各種形式和目的，但都不容置疑地落入了這風元素的羽化領域。（當我坐著重新打著本章的引言時，一陣強風從窗戶吹來，將我的筆記吹落一地。這並不讓人意外，或許吧？）

踏上旅程

如果你必須前往某個地方，但卻無法這麼做時，可試試以下方法：

先從一張素色的紙張開始。以黃色的紙最為理想，但並非必要。用你的投射手抓緊這張紙。面向東方。將紙朝向東方，同時說出：

這是我的交通工具。

接著朝南方、西方和北方都重複同樣的動作，並說出同樣的字句。這時，在桌上，用鉛筆在紙上寫下你的目的地名稱。請用大字寫下具體的地名（「格拉斯頓伯里突岩」〔Glastonbury Tor〕，而非「英國」；或是「法國」，而非「歐洲」）。觀想自己身處你寫下的目的地，在你的目的地周圍畫出數個旅行魔法符號（請參考附錄）。

將你投射手的掌心貼在紙張上，再次堅定地觀想自己身處在那個地方。

接著將紙折成紙飛機。可自行設計，或是使用在此提供的教學。紙飛機必須能夠飛。這非常重要。在你將原本為平面的物體折成立體時，請確實看到並感受到當你抵達目的地時的感覺，觀想自己已經身處目的地。

到戶外（或是打開窗戶），用投射手握住完成的飛機，說出以下或類似的字句：

狂風呼嘯，洶湧澎湃，

永無止息的空氣

送我到屬於我的地方

噢，風啊，帶我到那裡！

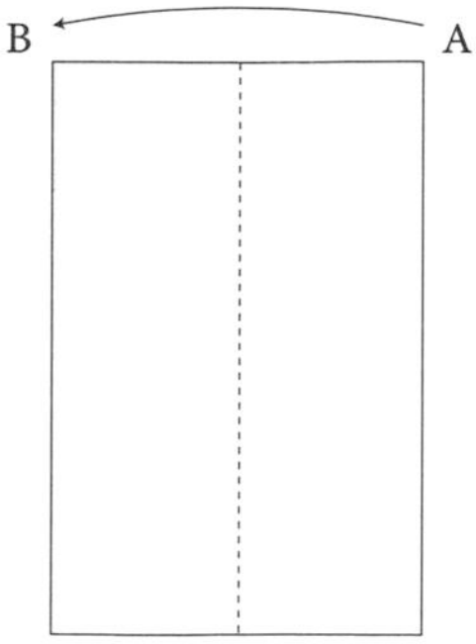

1. 將紙從 A 向 B 對折。
展開。

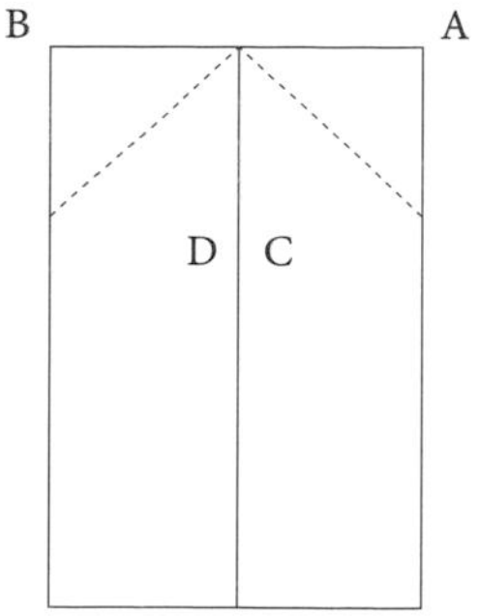

2. 從A折向C，B折向D。

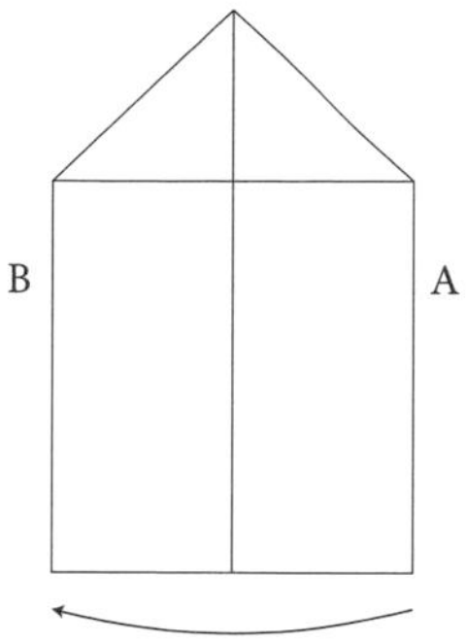

3. 從 A 折向 B。

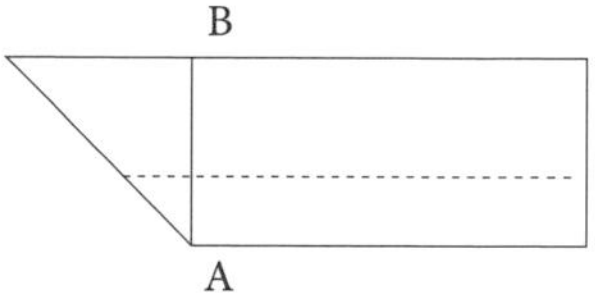

4. 轉向。從 A 折向 B。

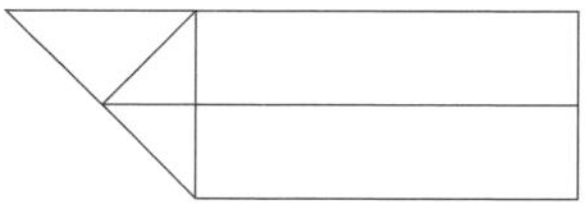

5. 翻面。重複同樣的動作。

重複至少九次，同時持續觀想，一邊繃緊肌肉，感受內在力量在增強。

在最後一次說出「帶我到那裡」時，將紙飛機射向空中。紙飛機應自由航行幾百公分（向上射出，而非朝向地面）。紙飛機飛行時，會將你賦予的力量釋放至風元素中。

取回飛機，為針穿上黃線，將線穿過飛機，用線將飛機掛在天花板上（或是屋裡其他的高處），直到動身離開的時刻到來。離開時，將飛機取下，將紙攤開，隨身攜帶。在你歸來後（如果有此打算的話），將紙撕成小片，進行妥善的處理（如果可以的話請回收）。

> 注意：此儀式可用於各種旅行，不限於航空旅行。

激發創意

為了進行這項儀式，你將需要一根笛子或某種管樂器。排簫、口琴、錫口笛（pennywhistle），甚至是小號都可以，但最好是木製或竹製樂器。

如果你過去從未使用過這種樂器，請先了解這種樂器後再用於魔法中。請確定你能用它演奏出想要的聲音。接著，請進行以下動作：

點燃一根黃色蠟燭，將笛子握在蠟燭前，同時說出以下或類似的字句：

音樂魔法
來到我身邊，
音樂魔法
讓我看見。
音樂喚醒
我體內的繆斯，
音樂魔法
來到我身邊，
音樂魔法
為我開啟
音樂之謎。
神祕心靈
被喚醒。
音樂魔法
讓我自由。

觀想自己正在寫那封信、撰寫那篇演講稿、完成那幅畫、編織那塊地毯，或是開始撰寫你已經想寫一段時間的那本書。

這時，演奏樂器一會兒。你不需要演奏完一整首歌，只要讓笛子能夠透過音樂產生能量即可。完成後請放下樂器，在看得到它的視線範圍內進行你的創意工作。

如果你的意識腦再次阻撓你，就再演奏笛子一會兒，接著回到你的工作上。結束時，熄滅蠟燭的火焰，將蠟燭和樂器收在特殊的地方，直到下次需要時。

保護鈴

風鈴有多種造型、大小和設計可供選擇。風鈴也由風元素所掌管，而且可用來保護你的家免受不速之客和負面能量的侵害。

請尋找、製作或購買一組新的風鈴。風鈴應能發出明顯的聲音。在將它們掛在外面之前，請先用以下（或類似）儀式為它們灌注任務能量：

將風鈴擺在你魔法場所的某個平坦表面上。低頭看著它們，理解它們是無生命、靜止不動的。

用你的投射手向它們揮手致意，同時說出：

風鈴
隨咒術起舞
咒鈴
隨風起舞。
風力灌注
咒鈴
九九
加乘。

從懸掛風鈴的線將風鈴提起，拿在面前。吹響這些懸空的發聲器，觀想它們的聲音散開，並驅散負面能量。

一邊觀想，一邊將它們高掛在外面，然後讓風鈴去執行它們的任務。

如要取得最佳效果，可每九天就重複一次這簡單的灌注能量咒術。

刺激心智

有時我們也需要一些助力讓我們能夠清晰地思考，例如平衡收支、計算稅務、參與熱烈的討論、想藉口等許多時刻。以下是一些刺激意識腦的方法，可從中擇一。

- 站在風中或微風中，吸收風元素的力量，讓它為你喚醒沉睡的心智。
- 用黃紙製作的手扇為自己搧風，讓流動的空氣將你輕推至心智完全蘇醒。
- 觀想鮮明的黃光從上方灑落，感覺它進入腦袋並刺激你的心智。感覺它在擴張，將你從沉睡的心智中喚醒。感受它溫暖、充滿活力的能量為你做好任何任務的準備。
- 看著局部有雲的天空，將每朵雲用一條思路連接起來。觀想這些思路彼此相交，形成複雜的圖案和相互關係。盡可能持續觀想長一點的時間，或至少持續至你已獲得啟發，可以回去工作為止。
- 看著晴朗無雲的天空，凝視著遠離地平線和太陽，而且沒有任何東西遮蔽它藍色光輝的天空部分，吸收天空的能量。
- 聆聽預先錄好的笛子音樂。

• 坐著或站在電扇前。讓流動的空氣為你的心智賦予活力。

萬用風系咒術

這項儀式可用於任何正面的用途。若要執行這項咒術，你將需要一大片柔韌的葉子和一枝原子筆。

前往高處（或許是山頂），或是等到風起。接著，觀想你的需求，在樹葉上畫下代表你需求的符文（可參考附錄或自行創造）。

始終堅定地觀想，將葉子扔進風中。如果風接住樹葉，並將葉片吹向遠方，這表示力量已經開始發揮，魔法已經完成。如果風沒有將葉子帶走，那就在另一片葉子上畫出同樣的符文並再試一次。

火系力量

Fire Power

8

✦

人類始終對火懷有敬意。我們今日並不像我們的祖先在遙遠的過去那麼崇拜火，但這項元素還是有一些吸引我們注意的具體展現。舒適的壁爐火在寒冷的天氣中為我們帶來慰藉；溫和的營火可加熱水並烹煮食物；一座燃燒的建築物或一場森林大火讓媒體爭相用照片和影片捕捉最令人痛心的時刻。

在世界的許多地方，電燈泡取代了煤油燈，但不久之前，我們還是仰賴火來照明，以及取暖和烹調。即便到了今天，我們還是會點蠟燭來進行浪漫的晚餐、祈禱，以及用於魔法用途，我們並沒有忘記火的力量。

火最早是從天上偷來的，被雷電擊中的樹就是主要來源。後來，人類發現可摩擦兩根木頭來製造這寶貴能量的技巧。火也能用打火石和易燃物製造。

火總是福禍參半，既能帶來幫助，也能造成傷害。火一直用於醫療，也用於武器。無論如何，今日如果我們想到火，通常會聯想到過去的時光，或是毀滅性的大火。然而……它仍然與我們同在。我們可能有製造火的新技術形式，例如瓦斯壁爐和火柴，但我們仍未失去對火的神祕態度。

火是具有毀滅性並兼具創造力的元素。所有閱讀這段文字的人都熟知它毀滅性的特質（誰沒見過東西從火焰中升起呢？）它創造的性質或許潛藏在火焰背後，但這樣的性質依舊存在；新事物會從舊事物的灰燼中崛起。鳳凰就是其中永恆的例子。

火儀式最好小心執行。寵物可能會想參與其中，出於好奇心而打翻正在燃燒的火盆，或讓燃燒的樹枝散落一地。在與這項元素合作時，基本的安全守則非常重要。在未經控制的情況下，火是危險的元素，但在經控制的情況下，火是改變我們生活的實用工具。

最後值得注意的是：火儀式可能會觸發煙霧探測器，因此最好在靠近窗戶打開的地方執行，並遠離所有的救生設備。我曾在剛裝好煙霧探測器時燒掉我從郵件中收到的連鎖信。我一將信點燃，並將燃燒的紙張扔進我的大釜中時，煙霧警報器就響了。因此最好能避開這些情況。

火之釜（驅逐儀式）

若要擺脫令你困擾的事物，可找一個小的鑄鐵鍋或銅鍋。它的開口不應大於直徑7.5公分。這個鍋必須為金屬材質，而且可用腳站立。

你還需要蘭姆酒、Everclear酒，或其他可燃烈酒。如果沒有其他可用的烈酒，消毒用酒精也可以。

在夜裡將鍋子擺在耐熱的表面上，將1/8杯酒精倒入鍋中，將投射手擺在鍋口。觀想並將你的問題推進鍋中，將問題的原因和一直以來你供養這個問題的能量驅離。

站在明顯遠離鍋子的地方，劃一根火柴（打火機對這個儀式來說太危險）。將燃燒的火柴扔進鍋中，鍋內的液體應立即被點燃，如果沒有，請再試一根火柴。

鍋內的內容物一被點燃，就將燈關掉。看著火焰，說出以下或類似的字句：

淨化火焰的熾熱力量
舞動的光之火焰
請聆聽我迫切的需求
透過儀式為我提供協助

鍋中火焰
噢，激烈的火花
在我的視線內發光，
用你的魔力淨化我——
用你的力量釋放我。

持續複誦這些字句，觀想自己完全擺脫問題，直到火焰減弱且熄滅。將鍋子收好（你可能需要鍋架，以免燙到手指），而且僅供這類的咒術使用。

保護咒

坐在或站在任何的火源前方，看著火焰（也可使用蠟燭火），觀想自己沐浴在火焰發光的保護光線下，火會在你周圍形成燃燒的發光球體。如果你想要的話，可說出以下或類似的字句：

在火中
打造咒術
精心鍛造，

織得更高。
用閃耀的火焰
即刻編織，
沒有什麼會來
造成傷害或殘廢。
無人能越過這火牆，
無人能通過
不，絕無可能。

需要時可每天重複這簡單而有效的儀式。

熾熱的愛

創造或尋找一根燒焦的棍子，即一根一端燒至碳化的木棍。你也會需要一些乾燥的玫瑰花瓣和一張紙。

像使用鉛筆一樣，用木棍焦化的部分在紙上畫出兩顆相連的心，同時觀想自己很享受這段關係。畫圖時請灌注力量。

用投射手握著玫瑰花瓣，將熾熱的愛情能量傳至花瓣中。將花瓣灑在連結的心上。運用力量進行這個動作。

用紙將花瓣包起，同時持續觀想，將包起的花瓣扔進火中（如果無法這麼做，可用紅色的蠟燭火點燃，再扔進耐熱容器中）。力量會隨著火焰的燃燒而釋出。

療癒火焰

畫一張自己帶有疾病、傷口或症狀的圖。在圖中清楚指出問題：用大錘子敲頭來代表頭痛；黑色的蟲代表病毒；殘肢；瘻痛。

為紅色蠟燭注入療癒的能量，將蠟燭點燃，將圖片的尖端擺在火焰上。在圖片點燃後，扔進耐熱容器中。

這時，在紅色蠟燭持續燃燒時，再畫出一個你已不再頭痛、擺脫病毒或瘻痛，或是肢體痊癒的圖。將這張圖擺在紅蠟燭下，讓它燃燒殆盡（注意：在進行這項儀式和所有療癒相關儀式時，請配合適當的醫學治療）。

與太陽一同燃起活力

當你出於任何目的需要額外的體能時，可嘗試這項儀式。這項儀式必須在晴朗的天氣下進行，才能運用太陽的力量。

到戶外，如果可以的話，用紅色墨水在一張紙上畫出以下符文：

將圖擺在充足的陽光下，如有需要，可用小石頭保持紙張的平坦。讓符文吸收太陽的力量至少一小時。

符文一充滿能量，就用接受手將紙撿起。當你將紙撿起時，太陽的能量已轉移至你身上。

感受太陽的熱，吸收太陽的放射力量。感受溫暖的力量為你帶來鼓勵和活力。將紙揉皺，這樣就完成了。

火焰靈視預測咒

窺視預測是一種凝視反光物體（例如無所不在的水晶球、水池及其他工具）來喚醒靈性知覺的古老技術，其中最古老的工具或許就是火。

我最早是在十五歲時得知窺視預測法。那時我的家族在山上有間小屋，我們會在那裡度過週末和夏季。夜晚，我們的娛樂包括紙牌遊戲、古老的短波廣播，以及圓形的獨立壁爐。生火當然是為了取暖和烤棉花糖，但我還記得長時間坐在炙熱的壁爐口前，凝視著舞動的火焰，看著木頭從棕色變得紅通通，再轉為黑色。

許多夜晚，我在小屋裡保持安靜，和火進行調頻。這劈啪作響的火舞確實提升了靈能知覺。

當你想連結你的通靈意識狀態時，可坐在火前，但請遠離飛濺的火花。閉上眼睛一會兒，放鬆，讓意識沉靜下來，接著張開眼睛。

直視火焰，但不要讓眼睛受傷，請正常眨眼。深呼吸，在你平靜時，低聲說出以下或類似的字句：

熊熊烈火
翩翩起舞
請立即賜予我
祕密一瞥。
召喚我的
預知能力，
用你的光
讓我通靈。
熊熊烈火
閃閃發亮，
請立即賜與我
預知能力。

重複至你的眼皮變得沉重。從躁動的火焰中占卜未來。

水系力量

Water Power

9

✦

我們剛到沙漠裡挖石頭，那裡的溫度將近攝氏45℃。豔陽高照，我們在荒涼的山上繞了幾個小時，最後汗流浹背、精疲力盡地回到我們停車的陰涼處。

一到那裡，我就抓起冰桶，將冰涼的水直接倒在我的頭上。那冰冷液體流遍我全身所帶來的強烈衝擊是多麼令人難忘的體驗。在那裡，我蹲在沙漠邊緣遍布巨石的山旁，讓我再度想起了美妙的水。

水一直在我們的身邊，而且無所不在。我們的身體和地球表面由大約70%的液體所組成。水對我們的必要性，以及水為我們帶來的樂趣眾所皆知。但我們不知道的是，水在魔法上有多種用途。

以下將介紹部分的用法。

提升靈性知覺

走到平坦且流動緩慢的溪流，將一枚硬幣埋在附近的樹下或灌木叢下，並小心地收集三片葉子。

接下來，將葉子夾在雙手掌心之間。觀想自己具有靈力，是能夠憑意志喚醒通靈意識狀態的人。想像一下具有靈力可能會是什麼樣子。用觀想的方式，將你個人的力量注入葉片中。

讓一片葉子漂浮在水面上，說出以下或類似的字句：

漂浮葉片
如此鮮綠
助我看見
本所不能見。

在第一片葉子漂走時，將另一片葉子放入水中，接著再放第三片，每放一片葉子的同時都複誦同樣的字句。

在每片葉子觸碰到水時，就會緩慢地將你注入的能量驅散開來。這股能量結合水的靈導力，便能顯化你的需求。

靜心浴

為自己放一盆洗澡水（淋浴的說明如下），將約一大匙的牛奶倒入一大碗的水中。說出：

微風吹起水波……

在裝有水和牛奶的碗中加入幾片玫瑰花瓣（新鮮或乾燥的皆可），說出：

薊花的冠毛在空中飛舞……

用右手食指攪拌水、牛奶和玫瑰花瓣。說出：

如強大的海洋般寂靜……

將你製作好的混合液輕輕倒入浴缸中。說出：

在此無憂而平靜。

踏入浴缸中，想泡多久就泡多久，讓水吸收負面的想法和擔憂，讓自己沉浸在療癒的寧靜中一會兒。

如果是淋浴的話，請使用較小的碗，裝入非常溫暖的水。遵照說明進行，但不要將混合液倒入浴缸，而是淋在自己的頭上。請先說出：「在此無憂而平靜」後再進行淋浴動作，否則你最後可能會無法平靜地好好說話。因此，泡澡遠比淋浴更有效。

保護水咒

除非我們住在大都市裡，否則我們不會真的那麼常需要用到魔法的保護，但還是會有需要的時刻來臨。這戲劇性的儀式可喚醒操作者內在的保護能量。

為了進行這項儀式，你需要準備四根黑色（沒錯，黑色）的長蠟燭、一碗水、鹽，以及一個紙袋。如果你找不到黑色的蠟燭，可使用白的。

現在進入儀式本身。將裝了水的碗、一小罐鹽（你只需要不超過四撮的鹽）和四根黑蠟燭擺在你的魔法施做場所。在那裡放一些火柴（最好是盒裝火柴）和一個紙袋。

坐或站在這些收集好的物品前。閉上眼睛，觀想自己周圍有個保護的堡壘。如果你認為自己需要看到某個神奇的存有或生物來保護你也可以。或是你可能想要想像自己拿著一把帶有火焰的劍，擊退所有的攻擊者。也或許是狂暴的亞馬遜女戰士永無止盡地圍繞並保護著你。可以有無限種可能，但你的觀想必須清楚且簡明扼要，看到自己是受到保護的，知道自己是受到保護的。

點一根火柴，點燃一根黑色的蠟燭，將蠟燭拿近自己，並說出：

你什麼都不是！

將蠟燭移遠一點，並說出：

你正在消退！

再將蠟燭移遠一點，但仍在伸手可及的範圍內，並說出：

你被驅逐了！

將蠟燭點燃的一端浸入水中，看著火焰發出劈啪聲並熄滅，知道水也熄滅了所有打算傷害你的能量。

用雙手將用過的蠟燭折斷（或是用鎚子敲斷），然後放入紙袋。在水中放入一撮鹽進行淨化。

重複整個咒術三次以上，每次用一根蠟燭：念誦咒文、將蠟燭移開、將蠟燭點燃的一端浸入水中、折斷和處理蠟燭，以及在水中加鹽。

完成時，說出以下或類似的字句：

駕馭天空的邪惡
襲來的寒風
從遠方低處升起的黑暗咒語
就此斷裂，快速消退，
你無法茁壯成長。
因為我已施下此咒
你無法生存！

洗手，將（袋裡的）黑色蠟燭從家中移除，將鹽水倒入排水管，將碗洗乾淨。

這樣就完成了。

> 此咒術的目的是將負面能量轉化為正面能量，而不是去傷害任何人。

水占卜

占卜是使用工具來連結通靈意識狀態的技巧。這項簡單的占卜法只需用到一根蠟燭火和一碗水，就很有效。為了取得最佳結果，請在夜間獨自進行。

在一個非金屬的大容器中注入水，將裝水的容器擺在你的魔法施做場所。如果你願意的話，可在水中加入幾滴的藍色食用色素。

用雙手為一根藍色蠟燭注入能量，同時觀想你的靈能知覺展開、成長、擴大。

將蠟燭放在燭台裡，將燭芯點燃，將蠟燭移近碗邊，讓火焰可以倒映在水中。

凝視著蠟燭的倒影。放鬆，不要集中注意力，分散你的思緒。反覆說出以下字句，直到發揮效果為止：

閃耀、閃爍的心智
漸漸暗淡
讓預知力
即刻顯現。

你將會知道你必須知道的。

水誓言

如我們所知，水是愛情的元素。因此，水成為非正式「婚姻」的重要環節應是多麼理所當然的事。這古老的儀式被稱為水誓言。與元素和諧同步的人可能會希望執行這樣的儀式。

過去認為這樣的水誓言可讓伴侶永不分離，形成如同婚禮般的約束力。而今，我們將這作為讓愛情升溫的方法。因此，水誓言既是儀式上的結合，也是愛情的儀式。

這項儀式可由新婚伴侶執行，或是作為先前誓言的重申。無論是哪種情況，當事人應與水元素進行調頻（透過任何有效的方式），就可以開始了。

方法如下：找一條細小的溪流或泉水。在水面上十指交扣。一起說出：

親愛的流水，請見證我們的愛情：

我們雙手緊握；誓約結締。

祝你們倆好運！

Natural Magic

Part 3

自然魔法

第三部分

石頭魔法

Stone Power

10

✦

如果你曾看過因鋪上大理石而閃閃發光的建築，踩在花崗石磚上，對精美的鑽石感到驚奇，或是感覺有小石子在你鞋子裡，你就能理解石頭的力量和威嚴。

我們凝視著已變為複雜雕像的石塊。我們想到由堅固的岩石雕刻而成的獅身人面像，以及巨石陣的古老莊嚴。但所有的石頭都具有等待被運用的內在能量。

石頭就像是大地的骨頭。有些石頭，例如綠寶石、紅寶石和藍寶石，具有很高的商業價值，而有些石頭則被隨便棄置一旁。從魔法的觀點來看，每顆石頭都是大地元素的珍貴展現。本章將簡單介紹一些我們可使用一般石頭作為魔法工具的方法。

為了獲取最佳結果，請使用已被河水、溪

流或海洋磨成光滑卵石的石頭。如果你無法在野外找到任何石頭，可至工藝與花卉用品店，甚至是寵物用品店（販售用來擺放在水族箱中的石頭）尋找。

本儀式不需用到半寶石（例如紫水晶、粉晶、海藍寶等），但如果覺得合適的話也可以使用。這些儀式中實際運用的力量和石頭的種類無關，而是因為它們是在大地中誕生，擁有密實結構的石頭。

石罐（居家保護咒）

（這是《大地魔法》第9章中出現的「石鍋」延伸版本。）

收集幾顆不同顏色的石頭。如果可以的話，請從海灘上選擇一些石頭，一些來自河流，一些來自沙漠，還有一些來自山脈。這當然並非必要，因此請使用你所能找到的石頭。

取一個陶罐、瓦罐，或某種陶器。你將需要足夠的石頭來填滿容器。用你的投射手握著一顆石頭，觀想石頭散發出保護的能量。

觀想的同時，說出以下或類似的字句：

山脈之石，
水井之石，
沙漠之石，
即刻為我的咒術注入力量！

將石頭放入罐中，同時說出以下或類似的字句：

我將此石放入罐中
請保衛我的房子、我的家園、我溫暖的家。

每顆石頭都重複整個過程。視你選擇的罐子大小而定，這需要花一點時間。

在罐子裝滿時（不加蓋），將罐子擺在家中的某處，同時說出：

親愛的石罐
請守護此處
將所有的不幸
飛快驅離至遠處！
送回至地下

永久埋藏

就此約定！

這樣就完成了。

金錢石

找一顆近乎方形的石頭，為一根綠色蠟燭注入招財的能量，擺在燭台上，點燃燭芯。這時藉著燭光，用水彩或鉛筆在石頭上畫出金錢的符文（請參考附錄）。

在畫符文時，觀想石頭吸引金錢進入你的生活。看見自己付帳單、買車，看到自己已經在享受你所需要的金錢。

讓石頭沐浴在綠色蠟燭的燭光下七分鐘後將蠟燭火熄滅。每天點蠟燭七分鐘，直到錢進來為止。

石頭保險箱

在你施做魔法的場所，擬定一份關於你對未來的希望、慾望和願望的清單。應是長期的目標，而非「新的CD播放器」或「新的工作」。請盡量設定具體的目標。擬好清單時，請做其他的事讓自己分心至少一小時，之後再用全新的觀點回來看這份清單。

這些事中有多少對你來說真的很重要？請做好決定，然後只留下三項目標，其餘的全劃掉。你留下的應是最重要也最永久的目標（你的目標可能包括幸福的婚姻、一輛新車、小孩、令人滿意的工作、和解等類似的願望）。

這時將這些目標重新抄寫至全新的紙張上。盡可能使用小一點的紙張。

完成後，將這張紙帶到遍地都是石頭的鄉間（這也能在你家後院或附近的公園裡進行）。找一顆小到可以搬動，但又大到可以遮住紙張的石頭。

蹲或坐在石頭旁的地上（請先確認沒有蛇）。用投射手拿著這張紙，擺在石頭上，感受石頭穩固而安靜的能量進入紙張中，說出以下或類似的字句：

我用此石
即刻封印

所有的願望和夢想。

將石頭的一端抬起，將紙張塞進石頭下。將紙留在那裡，讓大地顯化你的目標。

石頭驅逐儀式（擺脫某個習慣）

為要驅逐的習慣創造一個象徵圖形。如果你不想沉浸在悲傷中，或許適合畫一個水滴（就像淚滴）；惰性和自我限制可以畫掛鎖；過度憤怒可以畫刀子；對愛的執著可以畫不平衡的天秤。如果是身體和情感上的成癮，象徵圖形要明確，例如酒瓶、香煙、藥丸、食物。

練習在一張白紙上畫出此象徵圖形。圖形應盡量簡單（最好是約略的輪廓），但同時又能充分傳達象徵的意涵。多做幾次實驗，練習到你能完美畫出這個象徵圖形為止。

收集至少五十顆光滑的小石子。可以是河石或半寶石的碎石。這些石頭的大小應相當，而且半徑不超過0.5至1公分。

在獨自一人的安靜時刻裡，坐在戶外光禿禿的地面上（或是如果有必要的話，也可坐在地板中央）。帶著這些石頭。坐下時，觀想負面習慣正被永遠驅逐出你的生活。觀想自己擺脫這樣的習慣，以及對這個習慣的嚮往與渴求。將這樣的畫面牢牢地記在心底。

將石頭分成兩半，用一半的石頭在地上排出象徵這個習慣的圖形。將石頭緊密排列，以形成圖形（排成你選擇的象徵圖輪廓）。

排好圖形時，低頭看著這個圖。激發並累積自身的內在能量，越來越用力地看著象徵圖形，持續觀想自己擺脫這個不良習慣。

再另外抓起一把石頭。對象徵圖形說：

我讓你控制我。

我讓你控制我。

我讓你控制我。

這時，當你體內的力量爆發時，將這股力量轉移至你手中的石頭。說出：

驅逐，驅逐，你已被驅逐！

在你說出最後一次的「驅逐」時，將石頭扔至象徵圖形上，將圖形毀掉，粉碎至蕩然無存。

可能會有火花飛濺。這些被灌注能量的石頭將帶著你所有的魔力攻擊象徵圖形（因此也會破壞你賦予這個習慣的能量）。你傳送的正面能量將會戰勝這個習慣的負面能量，驅逐已經展開。

之後，休息一會兒。收拾石頭（如果少了一些石頭也不必擔心）。每天重複同樣的儀式，進行一個禮拜。

你將得償所願。

口袋記憶魔法

這是個簡單的儀式，當你一天必須要記得做很多事時，這可能會很有幫助。為每個事件挑選一顆光滑的小石子，例如打電話或旅行。將石頭放入口袋或錢包裡。擺放時，在心中預演你的清單，並觀想自己正在進行這些活動。當你記得做每一件事時，就扔掉一顆石頭。在一天結束時，你的口袋應該清空了。

磁石魔法

Magnet Magic

11

✦

沒人知道那是什麼時候開始的。或許是某個早期的人類，在岩石中翻找魔法護身符時，發現某顆石頭會吸引少許的黑色沙子。她或他很可能將這顆石頭拾起，並當作魔法護身符使用，因為它明顯含有不尋常的特性。

希臘人（柏拉圖曾寫到）和羅馬人（普林尼〔Pliny〕）早已認識這些天然磁鐵（亦稱「天然磁石」、「菱鐵礦」和「磁鐵礦」）。他們也將這些天然磁鐵視為具有魔法力量的物品：在古羅馬，人們認為天然磁石可有效中止法律訴訟。天然磁石內存有某種力量，但沒人知道那是什麼。

甚至到了1500年代，天然磁石大多仍被視為魔法物品。1580年，一位作家實際進行實驗，探索是否擦上大蒜的天然磁石就無法再吸鐵（他發現這個說法是錯的）。

這些天然磁鐵至今仍用於魔法中。天然磁石在全美熱銷，尤其是美國南部。這些天然形成的磁鐵是非常受歡迎的魔法工具。有時會再經過著色，並可佩戴、攜帶，或是在魔法上用來吸引金錢、愛情和其他的變化。甚至到了現在還有很多人相信，佩戴磁鐵可將風濕病的疼痛「吸」出。

自從磁力獨特的特性被發現以來，已在人類身上發揮了強大的力量。我們仍對磁體彼此吸引的方式，以及它們如何展現吸引和排斥的能量感到好奇。大量充斥於我們生活中的人造磁鐵也曾被視為巫術的結晶。如今，附著在橡膠或塑膠上的金屬磁條已經改變了我們的世界，而且一直被用於製造數百萬的冰箱磁鐵。現在我們還有軟性磁鐵。

本章節探討的是磁鐵可用於民間魔法的部分方法。如同所有種類的魔法，期待磁鐵幫你完成所有的工作是不明智的。磁鐵明顯象徵著吸引，但在儀式中你也必須觀想，並運用個人的力量。

儘管現在可取得著色的天然磁石（紅色用來祈求愛情；綠色祈求金錢；白色用於保護），但無著色的天然磁石是最適合用於自然魔法的工具。如果你找不到天然磁石，也可使用人造磁鐵。在此列舉的兩種儀式專門使用馬蹄形的磁鐵。儘管大自然不會創造出這種形狀的天然磁石，但這是傳統的魔法工具。

天然磁石可用在不只一種儀式上（不像蠟燭或藥草會快速消耗）。然而，在每次儀式之間最好還是要進行淨化。方法很簡單：將天然磁石擺在一盤剛挖出來的土壤或水中，就這樣靜置一個晚上。隔天早上，將泥土或水擦掉。這顆天然磁石便已準備好可供再次使用。

還有一點很重要的是，請將磁力很強的磁鐵擺在遠離電子設備的地方，而且絕不要擺放在靠近錄影帶的地方，除非你想為它們消磁。

無論如何，讓我們開始進行儀式吧！

保護房產免受損害

用投射手握著四顆直徑約2.5公分大小的小顆天然磁石。從前門開始，以順時鐘方向走遍整間房子，觀想這間房子擺脫負面的能量、危險，以及不受歡迎的有害訪客。觀想天然磁石吸收這所有的壞事。

如果你願意的話，可說出類似以下的字句：

可隨心所欲吸取萬物的強大石頭，

請帶走禍根和傷害。

在你走遍屋子，一邊觀想時，請反覆唱誦這段咒文。在你走完一圈，即拜訪完每個房間後，請走出戶外，將天然磁石埋起（如果是在公寓裡，請埋在裝滿土壤的舊花盆裡，擺在門廊或陽台）。在你埋下天然磁石時，請觀想魔法磁鐵仍持續吸引所有你不希望進入家中的干擾。

埋下的天然磁石應靠近房子，但不要擺在屋內。

擺脫恐懼

當你處於恐懼中，當你害怕某人，或對即將到來的事件（例如公開演說）感到焦慮時，可將天然磁石帶到河川、湖泊或池塘邊。

用投射手握著磁石。將你的恐懼和焦慮注入石頭中。感受磁石如海綿般吸收你的負面情緒，讓你從痛苦中解脫。

當天然磁石隨著你傳送給它的能量而振動時，就將磁石扔進水中。在你扔出磁石的同時，你也將注入磁石的恐懼能量完全釋放。你會感到舒服許多。如有需要可多重複幾次。

為家中添好運

有人會將好運想成是「運氣」，但運氣是個模糊的詞，同時包含好壞的特質。我傾向使用較正面的詞：「好運」。將馬蹄形磁鐵握在投射手中，觀想它的磁力將正面能量吸引至你的家中。如果你願意，可觀想許多馬兒奔向你的家中，將好的能量帶給你。

在磁鐵完全充滿能量時（在觀想幾分鐘後），將磁鐵掛在前門上方，開口朝上。或是放在門上（關於馬蹄形磁鐵和馬蹄鐵該怎麼掛有不同的理論。我偏向開口朝上，但如果你比較喜歡開口朝下，也隨你高興）。

療癒輔助

天然磁石對於舒緩輕微的疼痛可能有一些幫助，嚴重的問題請諮詢你的醫生。

許多儀式的目的是運用磁鐵的「療癒」特質。磁鐵自然不能也不會完全治癒你。即使是具備各種精密設備、外科手術和藥物的醫師，也只能協助身體自行痊癒。

然而，磁鐵也可以是療癒儀式的一部分，可用來取出疾病的（非實體）根本原因。

以下是一些例子：

如果是背痛問題，請為馬蹄形磁鐵灌注自身能量，同時觀想自己擺脫疼痛。將磁鐵擺在床墊下。睡在這床墊上至少一個月（並檢查確認你的床墊是結實的）。

若要擺脫疼痛，可在疼痛區域上方敲擊或輕輕移動磁鐵，同時觀想磁鐵正在吸收疼痛。頭痛也可嘗試同樣的方法。

對於一般的療癒，可為五顆天然磁石和一根藍色蠟燭注入療癒能量。將蠟燭放入燭台，點燃。用五顆磁石在蠟燭周圍排成一個圓圈。視需求而定，每天讓蠟燭燃燒至少十五分鐘（此儀式將天然磁石作為魔法電池，用來傳送療癒能量，而非吸收疼痛或病痛）。

吸引愛情

用觀想的方式為小的天然磁石灌注能量，看到自己處於愉快且情感健康的關係中（當然不是和特定的人）。一邊握著磁石，一邊說出以下或類似的字句：

磁力無所不在的磁石
即刻為我吸引
我唯一的真愛。

如果你願意的話，可用粉紅色的布將磁石包起，穿戴或攜帶這護身符直到愛情來臨。

吸引金錢

準備一張平展的一美元新鈔、一顆小的天然磁石，以及綠色的線或紗線。用鈔票將磁石包起；用線或紗線緊緊綁好。將這包磁石握在手裡，說出以下或其他類似的字句：

金屬石，力量石，
我享受繁榮。
從此刻為我帶來金錢：
如我所願，必當如此！

隨身穿戴或攜帶這個護身符。如果你有自己的公司，可掛在前門或擺在收銀機中。或是擺在名片上。定期觀想它的能量為你帶來額外的現金，並看見自己明智地花用金錢。

磁浴

這項儀式以獨特的方式運用天然磁石的能量。在魔法中，磁力與水元素有關，因此這項咒術是結合兩種能量來源的理想方式。

如同平常泡澡般為浴缸注水。在踏入浴缸前，雙手握著一顆天然磁石，為磁石灌注自己具體的需求（療癒、愛情、保護、靈能知覺等等）。在磁石完全充滿能量時，將磁石放入水中，進入浴缸並沉浸在由磁石強化的磁浴能量中。

蠟燭魔法
Candle Magic
12

✦

在寒冷的寂靜中，它佇立在那裡，被一隻手緊握。人類的能量流入它沉默的輪廓中，為它增添力量。魔法火花出現，形成舞動的火焰。當火遇上大地，產生了水和空氣。蠟熔化，能量已經送出。

每年有數以百萬的蠟燭被用於各種目的上。它們在餐廳的桌上閃耀，在獻身於「傳統」宗教道途的聖壇上閃爍，在廢棄建築的密室中為無家可歸的人們提供光亮，為生日蛋糕帶來火熱的光芒，並在停電期間被緊急點燃。

蠟燭也被用於魔法用途上，理由很明顯：

- 蠟燭有多種顏色可供選擇，而色彩與特殊的魔法能量直接相關。
- 蠟燭會吸收個人的力量。
- 點燃的蠟燭可釋放能量一段時間。

確實，當火碰上燭芯所產生的變化是無與倫比的。未點燃的蠟燭本身則代表地元素。碰上火的蠟燭會開始熔化，產生液態蠟（代表水元素）和煙（風元素）。這看似神奇的過程是蠟燭為何被納入民間魔法的另一個原因。

蠟燭魔法有多受歡迎？這很難說，但這大概是今日最常見的民間魔法實踐。光是在美國，每天大概就有幾萬根的蠟燭是因魔法用途而點燃。

我沒有在我之前的著作中詳細介紹蠟燭魔法，因為已經有很多這方面的實踐指南。然而，考慮到蠟燭魔法的盛行，我決定在本書中用一個章節來介紹一些我個人獨特的蠟燭儀式。

✦ 蠟燭 ✦

在理想情況下，蠟燭將以固態蜂蠟製作，以天然染料染色，並由魔法施做者以手工浸漬。但事實上，蠟燭經常是以石蠟製成，以人造色素染色，並由工廠大量製造。

蜂蠟有多種顏色可供選擇，而且我發現它們可以帶來最佳效果，但任何蠟燭都行。不需要使用昂貴或手工蠟燭，因為蠟燭只是魔法師個人力量和火元素能量的載具。

魔法師通常會用顏色來選擇用於儀式的蠟燭，色調必須符合要進行的儀式種類。再強調一次，這並非絕對必要，因為色彩僅是用來協助施咒者精準安排自身能量而已。如果你要執行蠟燭魔法，可試著使用適當顏色的蠟燭。但如果你找不到或是沒有這種顏色的蠟燭，白蠟燭可用於所有的正面魔法用途中。以下是我最新的蠟燭色彩與魔法用途對應表，在你打造個人儀式時，這個表可為你提供協助（第19章可深入了解這門藝術）。當然，這張表是我個人研究和經驗的結晶，其他的作者可能會為各種色彩賦予不同的意義。

紅色：維持健康、體力、體能、性愛、熱情、勇氣、保護，以及防禦魔法。這是火元素的顏色。紅色在全世界都與生死相關，因為這是分娩和受傷時流血的顏色。

粉紅色：愛、友誼、同情、放鬆。在儀式期間點粉紅蠟燭的目的是增加自愛。粉紅蠟燭也很適合婚禮及各種形式的情感結合。

橘色：吸引力、能量。點橘色蠟燭可吸引特定的影響或目標。

黃色：智力、自信、占卜、溝通、口才、旅行、移動。黃色是風元素的顏色。在儀式期間點黃蠟燭的目的是提升你的觀想能力。在為任何目的學習之前，可準備黃蠟燭來刺激你的意識心智。念書時，可點燃黃蠟燭，讓蠟燭持續燃燒。

綠色：金錢、繁榮、就業、生育、療癒、成長。綠色是土元素的顏色，也是大地肥沃的顏色，因為它反映出葉綠素的色調。找工作或需要加薪時可點綠色蠟燭。

藍色：療癒、平靜、靈性、耐心、幸福。藍色是水元素的顏色，也是海洋及所有水域、睡眠和黃昏的色彩。如果你難以入睡，可為一根藍色蠟燭灌注能量，同時觀想自己一夜熟睡。在你上床睡覺前點燃一會兒，接著將火熄滅。藍色蠟燭也能灌注能量並點來喚醒通靈意識狀態。

紫色：力量、療癒重病、靈性、冥想、宗教。紫色蠟燭可點來強化各種靈性活動，提升你的魔力，而且也能結合藍色蠟燭用於強力的療癒儀式中。

白色：保護、淨化、各種目的。白色包含各種顏色，與月亮有關。白色蠟燭專門用於淨化和保護儀式中。如果你只要為魔法保留一根蠟燭，請選擇白蠟燭。使用前，先為蠟燭注入個人力量，就能用於各種的正面目的。

黑色：驅逐負面能量、吸收負面能量。黑色缺乏色彩，在魔法上也代表外太空。不論你可能聽過什麼樣的傳聞，黑色蠟燭可用於正面的目的，例如驅除有害能量或吸收疾病和不良習慣。

棕色：用於動物相關的咒術，通常會搭配其他顏色。棕色蠟燭搭配紅色蠟燭可用於動物保護咒，而棕色搭配藍色蠟燭可用於療癒魔法等等。

在點蠟燭之前當然要先為蠟燭注入個人力量。將它們平放在陰涼處。至於蠟燭的形狀，各種形狀的蠟燭都適用於魔法中：柱狀蠟燭、祈願蠟燭、錐狀蠟燭，以及會倒在高玻璃罐的「七日」蠟燭。

我所知的大多數魔法師都會用火柴來點蠟燭，而不是用打火機，因為他們知道用塑膠物品展開魔法儀式會抵消部分的咒力。

✦ 燭台 ✦

任何樣式的燭台都可以使用，但請準備數根同樣設計的蠟燭，因為咒術往往需要用到不只一根蠟燭。當然不要使用木製燭台，因為可能會著火。

熄滅蠟燭

當然可以在蠟燭完全燒完之前就將火熄滅。事實上，長時間留下仍在燃燒且無人看管的蠟燭是非常不明智的。因此，當我必須熄滅蠟燭（不久後會重新點燃），我會這麼做：我用右手的大拇指和食指沾取唾液，快速將燭芯底部的火焰捍熄，同時說出類似以下的字句：

儘管你有形的火焰熄滅了，

你仍在星空中閃耀。

許多讀者曾問我，為何我不簡單將蠟燭吹熄就好。我的理由很簡單：我不喜歡這麼做。我將這視為對火元素的侮辱。更重要的是，將火焰吹熄會使你已注入蠟燭的部分能量分散。將火捏熄（或是撲滅）可將能量鎖在蠟燭裡。

以下是一些當自己不在，仍讓蠟燭繼續燃燒的安全方法（同時避免發生意外火災的可能）：

- 將蠟燭和燭台擺在大的金屬鍋（例如大釜）中。
- 在浴缸中點燃蠟燭（許多自然魔法師會這麼做）。
- 點七日蠟燭（裝在玻璃罐中）。
- 在室內壁爐中燃燒蠟燭。

一般而言，不應在戶外儀式中點燃蠟燭，而且絕不要在森林裡這麼做。

✦ 一咒術一蠟燭 ✦

每根蠟燭最好只用在一項魔法儀式中。比如你已點了一根藍色蠟燭來增加平靜。在咒術完成時，你還剩下半根蠟燭。你該為這長蠟燭重新灌注能量，然後點來增加靈能知覺嗎？

不，拜託，一根蠟燭只用於一項咒術。反正我通常都會讓蠟燭燒完，因此我不會留下沒燒完的蠟燭。

萬用蠟燭咒

這是個快速且不複雜的儀式，可用於各種正面的目的中。你將需要一根適當顏色的蠟燭（可參考本章的清單）、一個燭台（除非是七日蠟燭），以及火柴。

在準備好開始時，將蠟燭握在雙手掌心之間。

深呼吸。觀想你的目標。

將個人設定好的力量注入你雙手之間的蠟燭中。

感受能量流入蠟燭中。

如果你願意的話，可說出適當的字句（可依第19章的說明創造自己的咒文），簡單說明你需要發生的變化。

將蠟燭放入燭台。

在蠟燭上方劃一根火柴，然後將火焰拉向蠟燭。將燭芯點燃。

將仍在燃燒的火柴放入耐熱容器中（或是快速轉動手腕，將火焰熄滅）。

在蠟燭的火焰周圍握住雙手，感受能量，堅定地觀想。

離開這個區域，讓蠟燭去發揮作用。

這是我最愛的一些蠟燭儀式，僅供參考，但用起來效果很好，也可盡管編寫自己的咒術。

療癒之火

你將需要：

- 三根紫色和三根藍色的蠟燭（或是六根藍色蠟燭）。
- 六個相同的燭台。
- 一張自己的照片。

將自己的照片放在施咒空間的中央，用燭台在照片周圍排成圓圈。

使用上述程序，為個別蠟燭注入能量，將蠟燭握在雙手之間，同時說出：

用你的火焰
燒去身體不適
燒去會致殘的身體狀況。
用你的力量
燒去疾病
藉由你的光
燒去疾病

讓我從病痛中康復
讓我擺脫所有病根。
治癒我
並讓我自由
依我所願
必當如此！

或是在為蠟燭灌注能量時，可說出類似以下的字句：

我為你注入東方、南方、西方和北方的力量
我為你注入土、風、火和水的力量
我為你注入太陽、月亮和星辰的力量
讓我從這疾病的原因和症狀中康復！
必當如此！

> 可使用任何對你而言最強而有力的祈禱文，任何咒文的效果都會很好。

將蠟燭放入燭台。為剩下的蠟燭個別灌注能量，並放入各自的燭台中。如果你同時使用紫色和藍色的蠟燭，請讓顏色交錯，而不要讓兩種同樣顏色的蠟燭擺在一起。

離開房間，讓燭火再燒至少十五分鐘。

蠟燭結

這是萬用的轉變咒，用來創造各種內在的變化，例如勇氣、健康、金錢、保護、淨化、靈性。在滿月時（或是任何時刻），準備一根10至12公分高的錐形蠟燭，蠟燭的顏色需符合你的需求。祈願蠟燭、很粗的蠟燭和七日蠟燭都不能用在這項咒術中。也請準備一個燭台、30公分的棉線或棉繩（顏色和蠟燭一致，或是簡單的白色），以及用來施做魔法的耐熱平面（例如大的金屬盤）。將蠟燭握在雙手掌心之間。觀想全新的自己：經過轉變，且充分享受你將確保會發生的發化。

念一小段咒文，或是用簡單的字句描述你的變化。

在灌注能量時，將力量注入蠟燭中。

將蠟燭放入燭台中。

拿起線或繩子。用雙手抓著線的兩端，拉緊，加強觀想，將能量注入線中。

將線纏繞在蠟燭的中間。將繩子緊緊綁在錐形蠟燭周圍（兩端會鬆散地落下）。在你打第一個結時，說出：

綁定此結
改變發生。

打上第二個結，說出同樣的字句。重複同樣的動作，打上第三個結，並說出同樣的字句。

點燃蠟燭。讓蠟燭燒至火焰吞噬繩結。每天用新的蠟燭重複同樣的程序，進行兩個禮拜，或是直到改變發生。

> 由於燭火會點燃繩子，因此蠟燭必須置於防火的平面上燃燒！

蠟燭拼圖（保護儀式）

你將需要十三根小的白色祈願蠟燭，大小、形狀和顏色都要相同；十三個透明的祈願蠟燭台，以及檀香精油。

在新月的夜晚，即最黑暗的時刻，選擇一根蠟燭代表自己。將蠟燭握在雙手之間，為蠟燭注入保護能量。用蠟燭觸碰自己的額頭，將蠟燭貼在自己的腹部，用蠟燭觸碰其中一隻腳。為祈願蠟燭擦上檀香精油，將蠟燭放入燭台，擺在你施做場所的中央。

將其他的蠟燭放入各自的燭台中，無須注入能量。如下圖所示，依序擺放蠟燭。

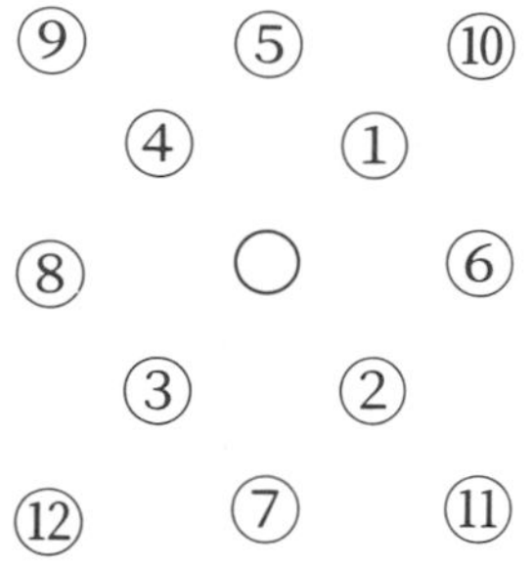

將代表你的蠟燭點燃，接著快速點燃其他的蠟燭，順序不拘。在蠟燭上方握住雙手，觀想自己被圓融、包容萬物的鏡子所圍繞，它們可反射一切並為你提供保護。請說出以下或類似的字句：

我是誰？
我在哪裡？
哪一個是我？
迷惑難猜，迷惑難猜
你無法傷害我！

將你接受手的拇指和食指指尖沾濕。不展現出恐懼或笨拙，以某種堅定的動作將中間蠟燭的火焰捏熄，將這根蠟燭拿起，放入深色的盒子、很少使用的壁櫥，或是其他的房間裡。

回到你的施做場所，凝視蠟燭的火焰，重新進行保護觀想並離開這個區域，讓其他的蠟燭繼續燃燒十五分鐘後再熄滅。

可視需求重複進行。

如果無法取得檀香精油，可自行製作保護油：用1/8杯的紅花籽油或荷荷芭油混合一大匙的乾燥羅勒、一小匙的乾燥鼠尾草、一小匙的肉桂，以及一片月桂葉。以小火加熱油，直到香草釋出香氣。放涼後用咖啡濾紙過濾，裝瓶，貼上標籤，在需要時使用。

如果你想和其他人分享你的愛，可取一根祈願蠟燭、一個祈願蠟燭台、一張邊長7.5公分的正方形紙、一根肉桂棒、一個小的耐熱容器、一個用來放置容器的三腳架或瓷磚、粉紅色的線和火柴。觀想自己享受著雙方都很滿意的關係。將紙擺在三腳架或瓷磚上。將投射手的掌心貼在紙上，說出以下的字句：

愛從天而降
愛從地面而生
發自內心的愛
給我帶來愛的光芒。

此時，運用同樣的字句和同樣的觀想，為雙手之間的蠟燭灌注能量。

將蠟燭放入燭台。將蠟燭連同燭台擺在紙張上。

點燃燭芯。當火焰開始發光並升起時，輕輕將肉桂棒的一端推入火焰中。

肉桂棒將被點燃並開始燃燒。

讓肉桂棒在那裡持續燃燒至少十三秒。接著將肉桂棒從火焰中移開，擺在三腳架或瓷磚上，但不放在紙上。火焰應會熄滅，但肉桂應會持續炙燒一段時間。

當肉桂棒停止發光時，將燭台下方的紙抽出。將紙擺在平坦的平面，再度複誦上述咒文，用肉桂棒炭化的一端在紙的中央畫一顆很小的心。接著在小顆愛心的周圍再畫一顆較大的心，然後再畫一顆。

完成時，將肉桂棒擺在紙張中央，用紙將肉桂棒包起，用粉紅色的線綁在一起，在蠟燭自行熄滅之前離開。之後，攜帶這個護身符用來吸引愛情。

蠟燭許願咒

儘管大多數咒術應只用於明確需求，但這個儀式是用來許願的，應在你的生日時進行。在你生日當天清晨，尋找一個可用來代表你願望的符文（可參考附錄），或是將你的願望簡化為兩、三個字。用冰鑿或刀尖將符文或文字刻在適當顏色的蠟燭上。雕刻的同時，為蠟燭注入個人力量，觀想。

將蠟燭放入燭台，燃燒至火焰熄滅。

星辰魔法

Star Magic

13

✦

星星閃，星星亮
我今晚看到的第一顆星閃亮亮
我好希望，我好盼望
今晚的願望都有望。

我們位於拉古納山（Laguna mountains）海拔將近一千五百公尺的位置。儘管午夜之後的感覺很棒，但我興奮到睡不著。於是我凝視著古老松樹林上方的天空。我想就在那裡的某個地方，但是哪裡？

終於，我知道了。別問我是怎麼知道的，我就是知道。那裡有一顆星星，但和其他的不同，我幾乎可以看見它飄著一條尾巴。

「嘿！」我對打哈欠的同伴說。「就是它。」

「那是什麼？」他們精疲力盡地說。「就在

那裡！我看到了，那一定是哈雷彗星！」

我似乎記得他們發出抱怨聲。畢竟我們在1985年冬天就爬上了同樣的山，來到拉古納山天文台，但那天晚上望遠鏡莫名其妙地關閉了。因為無法找到彗星，我們便離開了，而且等到它在春季時再度「回來」。

幾個月後，現在我在這裡，想著我看到了哈雷彗星，結果我真的看到了。

那微弱的錐形光暈在它周圍的星海中顯得格外醒目，那火紅的太陽既特別又神奇，看到它讓我回想起早年在同樣山脈的觀星活動，也讓我想起這些光點可以提供什麼樣的魔法。

（本章一開頭採用的兒歌在英語世界中廣為人知，小時候學完這首歌後，我總是在每天夜晚看到第一顆星時許下我的願望。）

在遠離都市，人造光源不會隱蔽天空的地方，天上的星星變得明顯易見。在沙漠、山上，或是荒涼平原的中央，我們可以抬頭仰望那每天晚上都會出現，而且美麗得出奇的景象。我們的先人也是在同樣的地方研究那星光點點的天空。

在沒有月亮的晴朗夜晚，天空幾乎布滿了無數的星星。不論是閃爍、明亮，還是微弱的星星，它們就在那裡，像是鑽石散在黑色的天鵝絨上一樣。這些異常遙遠的神祕小星星在我們入睡時照亮我們的生活。

我們已經好長一段時間都將視線擺在地面上、街道上，或是電視機上。而我們的「明星」現在成了每次露面都可以獲得幾百萬美元收入的人類。即使是我們在1960年代大受歡迎的太空計畫，也已經越來越不受到關注。

本章並不打算討論占星術，或是它的前身：天文學，而是集結了一些令人好奇的傳說、儀式、冥想，以及與星星相關的魔法，儘管其中有些已經相當古老，是從前幾代所流傳下來的，但當中也有許多是由我個人所創。

✦ 如何進行？ ✦

這類的大地魔法不需要用到很多工具，但確實需要純淨的夜空。如果你住在都市裡，你或許會想到鄉間、沙漠或山上一遊。這樣的短程旅行可為你提供參與永恆魔法的美妙機會。

讓我簡單地說：你越遠離人造光源，你就能看見越多的星星，而你能看見的星星越多，你就能用它們來施展越多的魔法。如果你住在都市或靠近都市的地方，你應該還是能在夜晚時看見最亮的星星，請盡力而為。

如果你特地為了觀星而展開旅行，但天空中卻布滿了雲，或是大片濃霧襲來，請接受事實，並執行其他種類的魔法。

星辰魔法並非有形的物體，我們無法掌握天象（儘管我們確實可以握住小小的隕石）。然而，我們可以運用星星和它們的能量來改善我們的生活。

✦ 認識星空 ✦

當你在夜晚抬頭仰望天空時，你能認出任何星座嗎？你是否能認出北斗七星、小熊座、仙后座、昴宿星團或獵戶座？這些是我總能認出的部分星座。如果你可以，請繼續研究夜空，擴大你能認出的星座數量。

如果你對星座並不熟悉，可向圖書館借書來研究，然後在夜晚時走出戶外。試著找出至少一個你可以認出的星座。

每當你在夜裡外出，或甚至是從窗戶看出去時，可試著尋找那個星座。它當然不會在同樣的地方，因為星星似乎會在空中繞著巨大的圓圈運行（地球當然是在旋轉中），但你還是可以尋找並記住這個星座，可將這視為外太空的路標。

許多天文台、公園和大學會舉辦與星座相關的星空漫步活動和講座，參與其中部分的活動會是初步認識星星的絕佳方式。你一開始探索夜空，就可以進入下一個步驟。

✦ 你的力量之星 ✦

是時候選擇一顆特殊的恆星了，它不必是天空中最亮的星星，你甚至不需要知道它的名字。你可隨意選擇一顆恆星，但更好的方式是選擇位於你所知星座旁邊的恆星。你必須在你需要時隨時都可以找到它（這將你的選擇限縮至空中「最高」的恆星，因為在地平線附近的星星每幾個月就會消失一次）。

你的力量之星只是有形（儘管極其遙遠）的能量載具。恆星畢竟不是行星；它們就像太陽一樣，太陽是宇宙生命力的展現，而這顆恆星將是你將這樣的力量用於魔法的關鍵。

請小心選擇你的恆星，許多人會使用北極星，即「北方的星辰」，僅是因為它是這個半球最明顯可見的恆星。

請不要選擇不會發光或閃爍的星星；不會閃爍的星星實際上是行星。金星經常被誤以為是恆星，因為它會在地平線上方閃耀。

因此，現在你有你的恆星了，你要拿它來做什麼？先從安靜開始，舒適地坐在戶外。如有需要，請穿得暖和一點。閉上眼睛，深呼吸一會兒，讓心靈沉澱下來。將臉朝天空傾斜，張開眼睛，找到你的恆星，這時看著它，單純地注視著它就好。你或許已經注意到它的顏色(有些星星是淡藍色；有些星星略帶紅色)。請將你的注意力放在這顆恆星上，不要想著它，而是調整至和它一樣的頻率。

請正常眨眼，以免眼睛受傷。如果你分心了，如果你開始看向其他的星星，請緩緩將注意力拉回到你的力量之星上，至少維持兩、三分鐘。

在看著你的恆星時，請接受它的能量。只要開放自己去接收它的力量即可。感受它的能量流向你，一股強大、純淨、平靜，但同時又溫暖的能量。

請重複這樣的流程數個晚上，你的力量之星就是解開天空之謎的關鍵。在執行本章包含的任何儀式之前，請先看著你的力量之星。和它調頻，將意識擴展至在你頭上整個瘋狂閃耀的天空，接著再進行你的儀式。

釋放

本儀式的目的是運用星星的能量來吸收負面事物，可用來來協助你徹底擺脫不良習慣、寄託錯誤的情感，以及其他奇妙的人類問題。

坐在戶外。

對你的力量之星進行調頻。

觀想你的問題，觀想自己沉浸其中，為它提供能量，讓它可以維持自己的生命力。

將雙手手臂朝前方伸出，雙手呈杯狀，將你的觀想從手臂轉移至雙手上。用這樣的觀想切開所有想釋放的連結，看見問題和原因就位於你的掌心裡。

說出類似以下的字句：

閃耀的星星
熾熱的星星
原本屬於我的
現在將交由你處置。

用堅定有力的動作將雙手分開，將雙臂甩向天空，同時將負面的事物釋放至星辰中。

將負面事物從你的身體擺脫，用瘋狂旋轉的方式將它傳送至天上，而恆星的能量將會對它進行淨化和轉化。

可視需求重複進行。

星辰堡壘

當你夜晚獨自處於危險的情況時，可用這個儀式在周圍創造一個保護罩。請持續練習這項儀式直到成為習慣，如此一來，在有需要時，你就會知道確切該怎麼做。即使當時看不到任何的星星，你還是可以想起那樣的感受，而你的保護將一樣強大。

站在戶外（夜晚站在戶外時通常會比坐著需要更多保護）。

與你的力量之星進行調頻。

欣賞天空中的星光全景。

張開雙臂，彷彿要擁抱星星一樣，看見它們的力量如耀眼的亮點般流向你。接受這個能量進入你的身體，歡迎它。這時看到並感覺到恆星的力量在你的肚子裡形成振動且發光的能量球。擴大這顆能量球，直到你感覺到星星的能量從你的肌膚冒出，看見它在你周圍形成半球形的點點星光。

移動這些星星，讓它們在你周圍以順時針方向旋轉，讓星星轉得越來越快，直到形成將你團團包圍的閃爍倒置光罩。說出以下或類似的字句：

星星旋轉
星星閃耀
星星保護我
免於一切苦難。
保護我！
保護我！
保護我！

經過練習，執行這項儀式應只需幾秒的時間。

靈性橋樑（喚醒靈能知覺）

坐在戶外。

閉上雙眼。

深呼吸。

放鬆。關閉你質疑的心智。

張開眼睛。

與你的力量之星進行調頻。

這時，讓你的清醒意識放鬆且採取順從的態度，抬頭凝視黑暗的天空（可伸直身體躺著，以免拉傷頸部）。看著星星，別想自己在做什麼；只要去做就好。

選擇一顆星星（可以是你的力量之星，也可以不是）。看著它，正常眨眼，接著緩慢地轉動眼睛，懶洋洋地將視線螺旋式地向外移到這顆星星以外的地方。不要停止動作，將眼睛向內螺旋式轉動，回到你一開始看著的那顆星星。

持續這樣做，直到你的通靈意識狀態被喚醒為止。你自然會知道答案。

星星靈視預測法

坐在戶外。

閉上雙眼。

深呼吸。

放鬆。關閉你質疑的心智。張開眼睛。

與你的力量之星進行調頻。

這時，擴張你對上方整個星空的意識，讓視線自然地從天空中的某處移至另一個地方，認出熟悉的星座，但請移至你不熟悉的天空部分。

小心地想著你的問題。

像神祕主義者觀看水晶球般凝視著星星，其中隱藏了一個圖案，在這個圖案中，你只會找到你問題的答案。某個星座可能會比其他星座更閃亮，或是可能會吸引你的視線。

一旦你找到這個星座，請看著它。它的星星是否看似形成某個可認出的輪廓？一隻魚、一個碗，還是一個方形？如果有的話，請想想這個形狀對你的意義。探索你的通靈意識狀態試圖透過星星向你透露的答案。

星辰灌注能量法

這最好在天空中看不見月亮的夜晚期間進行，目的是將星星的力量帶入某個個人或魔法物品中，也包括珠寶。

將要灌注能量的物品拿到戶外。

舒適地坐著，與你的力量之星進行調頻。

用接受手握著要灌注能量的物品。

將物品向上伸至空中，說出以下或類似的字句：

黑暗
光明
點點星光
時而暗淡
時而發光
閃閃發亮
今晚照耀著我，
在我的魔法儀式中為我帶來祝福！

汲取星辰之力，觀想力量從每顆星星中流出，並以纖細而閃爍的藍白色光芒急速流動。這些能量流匯集而成單一跳動的能量光束，並自由地流入物品中。繼續唱誦：

噢，天空的星團

為我手上的物品注入能量，

借給它力量和能量，

即我現在所見的能量！

力量已送出；力量已釋出

這是我的心願，必當如此！

在說出「力量已釋出」這句話的同時，將單一的能量光束重新導回天空，能量散開，並重新被展露力量的星星所吸收。

這時，當物品因星辰能量而振動時，請根據你的需求，運用觀想來規劃能量的使用。在上面銘刻它的任務：保護、繁榮、愛情、舒適、和平、體力、勇氣、靈能知覺等等，星辰之力可用於一切用途。

如有需要，或你想要的話，可定期為物品重新灌注能量。

這整個過程也能用於任何種類的魔法儀式之前，但不是將星辰之力注入物品中，而是透過你接受手的掌心，引入自己的體內。

流星

劃過天空的星光一直以來都為人類帶來靈感，人們一度以為這些是從天而降的星星。今日，即使我們已經知道它們是進入我們星球大氣層時燃燒的小隕石，但在看到這樣的景象時，仍是讓人引發不少聯想。

每天都有數以千計的隕石在我們的大氣層中燃燒殆盡，因此在任何晴朗的夜裡，我們很有機會能看到其中一顆。然而，流星雨會定期發生，因此可向你當地的天文館、自然歷史博物館或大學確認資訊。

有許多的咒術和儀式是和看到隕石相關。根據歐洲的民間傳說，他們都堅持要在流星消失之前說完要說的話，或是做出建議的動作。以下提供一些相關的儀式，再加上一個為類似目的所設計的新咒術：

如果是要祈求金錢，可在流星一閃而過之前重複說：「錢、錢、錢」。

如果是想去除皮膚上的小瑕疵，可用布摩擦這些部位，然後讓布從你手中落下。

雖然據說流星對情人、旅人和病人來說特別幸運，但在流星閃耀時，任何許下的願望據說都會成真。

執行這類儀式的困難處顯而易見：當流星的痕跡突然出現在天空中時，我們很少能夠準備好去計數、許願或摩擦皮膚的瑕疵部位，因此我為這樣的問題構思出解決之道。

在你研究夜空時，請注意可能會看到流星，然後當你看到流星時，請試著說出以下或類似的字句：

流星啊，

請為我的儀式注入能量。

請多練習說出這些字句，直到在需要時你可快速複誦為止。即使你未能在流星火紅的軌跡消失之前念完祈禱文，也請繼續進行儀式：念完祈禱文後，堅定地觀想自己的需求，看到它已經在你的生活中顯化，並請記住流星的景象。

祝你眼中總是閃爍著流星的希望之光。

雪魔法

Snow Power

14

✦

我覺得很愧疚，當我在撰寫《大地魔法》一書時，我犯了井底之蛙的過錯。儘管我實行過與雪和冰相關的魔法，但我在寫這本書時，並沒有包含這兩個主題。在聖地牙哥（San Diego）這裡，我們很容易忘記有數百萬的人在一年中有好幾個月都生活在雪中。

這一章因此而生。我在1989年冬季到明尼蘇達州聖保羅（St. Paul, Minnesota）的利韋林出版社（Llewellyn Publications）的旅程中發明了其中一項儀式。其他的雪咒術是在登山的旅途中發展出來的。在距離聖地牙哥僅有一小時路程的地方經常有大雪，而在密西根州（Michigan），我花了一些時間用很青春的「滑雪胎」方式滑下山、用我的雪橇衝浪（進入毫無防備的松樹林）、製作真正的冰淇淋甜筒，並從事其他的冬季活動。

以下的咒術應搭配真正的雪進行，碎冰就是不一樣。過去你可能曾經咒罵過雪，無非是因為它帶來的不方便，而現在我要介紹的是這冰冷物品的新用途。

雪是令人驚嘆的物質，它是液體的固態形式，但卻可以塑形。如以下的儀式所示，我們可以善用這點。

擺脫負面情況

在白天拿著一個小碗來到戶外。在碗中裝滿潔淨的雪。用你戴著手套的手壓實、壓平，然後趕快衝進屋裡。

在褪下你的禦寒衣物後，將裝了雪的碗擺在桌上。雙手掌心向下放在碗上，說：

如水晶般清澈的雪
如水晶般清澈的白
現在請幫我
贏得這場戰鬥。

觀想這個習慣或狀況正處於雪中，看到負面的狀況就在那裡，將它影響你的力量推入雪中。你知道這個習慣、形成的原因，以及你賦予它的力量都已經在雪中。從你的掌心將負面能量轉移至雪中。

將半把的（除冰用）岩鹽倒入你的投射手中。看著鹽，感受它淨化、清理的特質。持續觀想你的負面習慣處於雪中，將鹽灑在雪上，直到完全覆蓋雪的表面。說：

雪上之鹽

白上加白，

為你的戰鬥而戰

邪惡離開。

接下來，拿一顆直徑不超過4公分的小石頭，握在你的投射手中。觀想你已擺脫負面的習慣或狀況。看見自己已擺脫負面狀況的掌控。感覺你擁有的力量正打破那樣的束縛。

過了一會兒後，輕輕將石頭擺在鹽雪的表面。說：

鹽上之岩，

雪上之鹽，

邪惡止步，

邪惡離開！

坐在碗前，低頭凝視著鹽雪。看著，感受著。觀想鹽的淨化力正在摧毀你的負面狀況、原因，以及你一直賦予它的力量。

在雪融化的同時，也解除了所有你和這個習慣或負面狀況的連結。觀想並感受你無意識的慾望正在融化，溶解在無動於衷的大海、漠不關心的大洋，以及洶湧的淨化之河中。

在鹽將雪融化時，將石頭移開，將水倒在屋外（遠離可能在厚厚積雪下沉睡的植物），然後回到屋內。

將你用過的碗和石頭洗淨，擺在安全的地方直到隔天。

重複整個儀式九天。觀想、運用你的互助會，去做就對了！

雪影像魔法

這有點類似《大地魔法》中的「海洋咒」，但不是用濕沙來保留影像，而是用雪。

我是在幾年前造訪山區時創造這個咒術的。我清楚地記得那次的經歷，因為那是我的一位朋友第一次看到雪。

你將需要一小塊邊長60公分、無人涉足的正方形雪地。雪應至少有幾公分深，才能維持影像（越深越好）。此外，應是相當新鮮的雪。太堅硬、堅固、已結冰的雪就是行不通。

跪在雪上（或是蹲著，如果你覺得這樣比較舒服的話）。觀想魔法帶來的變化將很快使你的生活增添光彩，清楚地看見這樣的畫面。

這時，一邊觀想，一邊用你右手的食指（或是木棍）以堅定的意圖畫出代表你需求的符文（請參考附錄）。

畫好符文後，如果你的魔法變化涉及愛情、療癒、靈性、友誼、淨化或靈能知覺，請在雪上的符文周圍畫出直徑45公分的圓。或是如果你想要的改變涉及保護、金錢、接地、減重、勇氣和其他類似土元素相關的變化，請在符文周圍畫出邊長45公分的正方形。

將手擦乾淨後離開這個區域。

雪中護身符

這可在家中以常見的材料輕易製成。當要長時間進入雪中時，可將這護身符穿戴在身上，或是擺在外套口袋裡。也能綁在幼兒的衣物上（但要遠離嬰兒），或是擺在他們的口袋裡。在大雪紛飛的世界裡很常發生意外，這個護身符可預防這類的災難發生。

注意：如果你是為小孩製作護身符，請試著讓他們以某種方式參與創造過程。如果無法做到，可如這個儀式所提及的，請觀想她或他的安全，而不是自己的安全。

需要的材料：一粒胡椒、一撮鹽、一撮卡宴辣椒粉、一撮薑粉、一撮丁香粉。你還需要一小塊直徑不超過10公分的紅色棉布、針和紅色棉線，以及一個碗。

將所有材料放在你的施做區域。將胡椒放入碗中，說出以下字句並同時觀想：

我為你注入保護力量！

加入一撮鹽，說出以下字句並同時觀想：

我為你注入穩定力量！

加入一撮卡宴辣椒粉，說出以下字句並同時觀想：

我為你注入溫暖力量！

加入一撮薑粉，說出以下字句並同時觀想：

我為你注入保護力量！

加入一撮丁香粉，說出以下字句並同時觀想：

我為你注入保護力量！

用手指混合收集好的香料和鹽，觀想自己擁有健康、安全、受到保護的時光。你的腦中不該想著滑倒或是滑雪時撞到樹等想法。

接著將香草移至紅色棉布的中央，將棉布對折，然後再對折，用針線將末端縫合，讓香草不會掉出。

在需要時隨身攜帶。每到下雪的季節就製作一個新的護身符。

冰魔法

Ice Magic

15

✦

黎明時分——這是個三月底的早晨，儘管近期的天氣已經變得稍微暖和，但還是有寒流橫掃附近地區。起身走到屋外拿取濕透的報紙時，你注意到禿木的樹枝因結冰而形成的花邊閃閃發光，宛如仙境。

很少人能夠否認冰對我們帶來的影響。在天氣可能阻擋我們前進的所有障礙中，冰可能是最危險的狀況之一。然而，在經過人為控制並帶入我們家中時，冰又是生活中令人愉悅的一部分。

如今我們會用冰來敷傷口，在飲料杯中裝滿冰塊，並將異國食物鋪在冰床上。冰是實用的物品，除非我們發現自己必須在結冰的街道上開車去上班，否則我們很少會想到它。

但冰是很神奇的，它和它的遠親：雪有一

些共同的特質，但同時也有它自己的特性。在魔法上，冰被視為兩種元素的組合，儘管冰無疑是由水所構成，但它也具有土元素的堅固性。

它轉變的性質看似很神奇，而以下的咒術將善用這樣的特性。但你可能會問：「是否一定要在極凍的溫度下才能使用冰魔法？」

並非如此。在寒冷地區的冬季使用冰魔法確實是理所當然的事。當小鳥飲水盆凍結，湖面變成純白色的表面，這正是實行冰魔法的時刻。但住在氣候溫和且風光明媚地區的人們仍能使用冰魔法，我們可透過現代冰箱的奇蹟來實現。

我們當然可以使用人工製冷技術，但別忘了環保。用來將水冷藏和冷凍的製冷劑會傷害臭氧層。在將儀式用品放入冰箱時，請快速開關冰箱門，沒有必要將冰箱門大開，然後背誦三十七頁長的咒語，同時冷空氣已逸出，而且還消耗掉討厭的製冷劑。

那就讓我們進入冰魔法吧！

櫻桃冰（愛情儀式）

準備兩個玻璃杯、一個較大的耐凍碗、水，以及一些無糖櫻桃汁。

將玻璃杯和碗擺在你的施做區域上。在玻璃杯中裝水，在心中專注地想著你正享受著一段雙方都很滿意的關係的畫面。再強調一次，不要觀想你可愛的鄰居在你懷裡，只要感受並看到自己處於一段充滿愛意的關係中。

將雙手擺在兩杯水上，說出以下或類似的字句：

北方的風
寒冷的風
即刻升起；
將此凍結。
為我顯化愛情
如我所願
必當如此！

將足量的櫻桃汁倒入每個玻璃杯中，將水染成粉紅色。接著，持續觀想，一邊將兩杯水倒入較大的容器中，用投射手的食指在水面描出一顆愛心。

將碗擺在戶外（或是冰箱裡），等幾個小時。如果水沒有結凍，那就再試一次。水一凝固，你的儀式就結束了，力量已釋出（冰可能在這時已融化，但這並不會影響到咒術的效果）。

金錢浴

這是有點複雜的咒術，因為同時要用到結凍和未結凍的水，還有金屬，但當然還是很值得一試。

為了進行這項咒術，你將需要一個製冰盒，用來製作邊長約2.5公分的冰塊，還有五枚二十五分硬幣，以及水。

將製冰盒裝滿水。將製冰盒放下，將五枚二十五分硬幣握在投射手中。觀想硬幣的金錢能量洶湧激增。將金錢能量推入硬幣中。

在硬幣完全充滿能量後，將每枚硬幣放入製冰盒的一個方格中，直到硬幣用完為止。在哪個方格中放入硬幣都沒有關係。

將雙手擺在水和硬幣上方，觀想金錢湧向你；看到自己正享受著金錢帶來的好處。

接著讓製冰盒冷凍，視氣候而定，室內外皆可。在冰塊變硬時（而不是變硬前），在浴缸裡注入熱的洗澡水。在浴缸裝滿水時，將含有五枚硬幣的冰塊從製冰盒中取出，然後擺在盤子或碗中。

將衣服脫下，拿著冰塊站在浴缸前，說出以下或類似的字句：

熱與冷
為我充分調和
為我帶來
繁榮豐盛。

將冰塊丟進浴缸。進入浴缸中泡澡，一邊觀想，一邊吸收轉化的金錢能量。泡完澡後，將硬幣取回，供下次使用。

融冰轉化法

魔法是個人轉化的工具。這項簡單的儀式將冰作為我們改變並提升自我的工具。首先寫下三個代表你自己的負面習慣或面向的詞，可以包括憤世嫉俗、嫉妒、情緒化、自責等等。書寫的同時，將這些負面特質注入這些文字和紙上，讓它充滿自身能量。在一個耐凍碗中裝滿水。將投射手的手指放入水中，說出以下或類似的字句：

你是轉化的載具。

這時，將紙放入水碗中，擺在室外或放入冰箱。在水變成冰時，從冰冷處取出。

在爐子上將一些水加熱至沸騰。將冰從碗中取出（如有需要，可在碗上淋上一些熱水）。將冰放入沸水中，說出以下或類似的字句：

所有你感受到的力量，
所有你支配我的力量，
我現在融化你所有的力量
如我所願，必當如此！

冰塊將會融化。在冰塊融化時，讓紙從中解脫，觀想自己已從你的問題中得到清理與淨化。

這樣就完成了。

鏡魔法

Mirror Magic

16

✦

鏡子是精美的魔法工具，充滿月亮和水的象徵意涵，可用於多種聯想咒術中。

我在《大地魔法》中納入一個說明鏡魔法的章節，結果我收到關於這個主題的信件數量說服我在本書中介紹更多關於這個魔法面向的資訊。

鏡子是神奇的工具，既能用來吸引，也能用來驅逐特定種類的能量。鏡子被放置在家中、動物身上，甚至被縫在衣物裡作為保護之用。鏡子用於魔法上至少也有兩千多年的歷史。

為了獲得最佳結果，請購買一至兩面小的無框鏡子，以供魔法使用。儘管儀式通常偏好使用圓鏡，但也有的咒術指定要用方形鏡。

本章包含的部分儀式會引導你從鏡子中看到自己倒影，或是用鏡子來反射燭火，請先做好準備，可實驗看看是要擺放在折疊收藏盤架或小畫架上，才能獲得適當效果。

這些儀式運用的是鏡子特有的反射特質。

✦ 準備魔鏡 ✦

在將任何鏡子用於魔法用途之前，最好先進行某種簡短的儀式。既然鏡子由水元素所主管，我們將用水來淨化它們。

過程很簡單，請在夜裡進行這項儀式。你將需要某種大於鏡子的容器（桶子、大碗、浴缸，甚至是池塘、河川或海洋）。

將鏡子浸入水中，在進行這個動作的同時說：

這裡有什麼……

都被我洗淨。

將鏡子從水裡拿起。說：

進行十三次，每次都將鏡子完全浸入水中，接著讓鏡子完全離開水面。如果天空中看得到月亮，請將鏡子向上舉起，讓鏡子接收月光一會兒。

將鏡子擦乾，握在手裡，說出以下或類似的字句：

你現在已是魔法的工具。

請在儀式中助我一臂之力！

接下來，用藍色或白色的布將鏡子包起，放在某個特定地方，直到你需要用到它。

愛情鏡咒

需要用到的物品包括：

- 一面圓鏡。
- 一朵新鮮的花（或其他芳香的花，例如梔子花、茉莉、薰衣草、橙花、雞蛋花、非洲茉莉、豌豆花、晚香玉、香堇菜或西洋蓍草等等）。
- 兩根粉紅色蠟燭。

這項儀式最好在夜間進行。

將鏡子擺在桌上，讓自己坐在鏡子前時可看得到自己臉部的倒影。為兩根粉紅色蠟燭灌注愛情能量，放入燭台，各自擺在鏡子的兩側（距離遠到不會被映照在鏡中）。將蠟燭點燃。

坐在鏡子前，看著自己的眼睛，觀想自己是被愛的人，而且在各個層面上都與某人關係緊密。將花拿起，握在鏡子和自己的臉之間，讓鏡子可以映出花的影像，並說三次：

閃耀，鏡子閃耀：
隨著力量而閃耀；
為我映照出
來自這朵花的愛情！

當花的愛情能量從鏡子中反彈並加速衝入你體內時，吸收這個能量。感覺它正轉化你，讓你為接下來的愛情邂逅做好準備。

重複進行至少一個禮拜。

鏡堡

需要用到的物品包括：

- 一面邊長至少20公分的方形鏡、一個直徑至少25公分的圓形瓷盤。

• 水。

• 一根小的白色祈願蠟燭（和一個透明的玻璃燭台）。

• 幾面不同大小和形狀的小鏡子。

將較大的方形鏡擺在圓形瓷盤上，鏡子的邊緣不應超出盤子，如果會超出，請使用較小的鏡子或較大的盤子（或是如果無法取得其他物品的話，可使用碗）。

接下來，用水淹過鏡子，淹過盤子的邊緣。盤子應夠深，讓水能完全淹過鏡子。

為白色祈願蠟燭灌注能量：將蠟燭握在雙手掌心之間，觀想自己被具有保護能量的熾熱鏡子所包圍，同時說出：

我被耀眼的白光所圍繞。

我被耀眼的白光保護和圍繞。

我被耀眼的白光守護、保護和圍繞。

將祈願蠟燭放在燭台中，一起放在盤中的方形鏡上。點燃祈願蠟燭。

接下來，盡你所能地將它們撐高，用其他較小的鏡子圍著蠟燭、盤子和較大的鏡子排成圓圈，至少部分的鏡面必須映照出蠟燭的光。

當一切就緒，將雙手掌心朝下放在你聚集的物品上，說出以下或類似的字句：

火與水；鏡子之光：
請提供我所有的保護！
月之鏡與水、燭光：
用你們的反射力量守護我！
反射病痛，反射災害，
反射逼近的危險，
反射所有會讓我痛苦的事，
用這裡的堡壘保護我！

觀想自己處於你所打造的堡壘中，因燭火而感到溫暖；一次又一次地映照在鏡子裡，受到守護、保護、安全而平靜。

讓蠟燭燃燒至少十五分鐘後捏熄或撲滅燭火。將水倒入瓶中以供再度使用，將所有的物品小心地擺到視線以外的地方，直到你需要再度打造你的鏡堡為止。

快樂咒

這需要用到一面圓鏡和一張你在較愉快時光拍攝的照片。這張照片裡應只有你，而沒有別人。將鏡子架起，讓鏡子可以邊緣直立。

接下來，將照片擺在旁邊的桌上、牆上、椅子，或其他的物品上。這張照片應能映照在鏡子裡。

讓鏡子映照出照片的影像至少三分鐘。在這段時間，回想過去那段較愉快的時光。讓自己沉浸其中，別讓你的注意力因目前的狀態而動搖，並因而哭成淚人兒；請讓自己的心裡專注地想著那段較愉快的時光。

這時，坐在鏡子可照到的範圍內，即鏡子和照片之間。待在那裡，直到你的悲傷確實變成了開心。

可視需求重複進行。

鏡子約束咒

這個儀式可用來消除壞習慣、負面想法或情緒。

在一小張白紙上寫下對問題的確切描述，請保持簡短，或許是：

我抽菸，我抽太多菸了，抽菸正在摧毀我的健康和生活。

或是：

我緊抓著過去不放，我緊抓著過去不放，直到它主宰了我的現在，並且使我的未來黯淡。

又或許是：

我暴飲暴食，我暴飲暴食，而且喜歡食物到我已經不再愛自己了。

或任何其他的字句。不要寫：「我不再抽菸了」，這些字句應用來描述你目前的問題，而不是解決方法（這和大多數其他的儀式正好相反）。

將這些字句一字不漏地複製到紙的另一面。將紙擺在兩面方形鏡（必須大到能將紙完全蓋住）之間，務必讓可反映影像的一面面對著彼此。用黃色紗線將鏡子綁在一起，放入木盒或紙盒中。擺在隱密的地點，或是埋在遠離你住處的土裡。這樣就完成了。

每當你發現自己陷入這些舊習，請回想起你曾寫下相關的字句，並複製到紙的背面。想起自己把鏡子綁（束縛）在一起，將控制你的負面狀況捕捉起來，並請堅強起來！

許願井魔法

Wishing Well Magic

17

✦

這是如此簡單的動作，我們當中有數百萬人每年都這麼做。在那裡有一口井（或是噴水池或泉水）在陽光下閃閃發光。我們突然有股想從口袋或錢包裡撈硬幣的衝動。接著，我們堅握著硬幣，許下願望，然後將硬幣扔進井中，莫名地持續著古老的魔法傳統，但卻不知道真正的原因。

許願井（以及它們的前身：許願泉）遍及北美和歐洲。我們現代將硬幣扔或掉進水體的做法起源於早期的歐洲民間魔法。

從魔法的觀點來看，使用許願井可召喚水的能量來實現我們的願望。這是古代對這種元素力量的認可，也包含我們要求它幫我們執行任務的報酬支付。

我們通常只是「許願」，然後將錢扔進井

裡。然而身為自然魔法的實踐者，我們明白光是許願是不夠的。我們會透過觀想為硬幣注入能量，而且甚至可能在扔硬幣時念誦祈禱文。

有一些特定的咒術可以搭配許願井、泉水、池塘、水池、溪流，甚至是噴水池使用。為了簡單起見，我整章都會使用「井」一詞，但這些儀式可用任何的水體執行。可視需求重複這些咒術。

強化愛情硬幣咒

在這項咒術中使用一美分硬幣（penny）的原因可能需要稍做解釋。較古老的一美分硬幣是銅製的，而銅是代表金星和水元素的金屬，都和愛情能量有關，這就是在此使用一美分硬幣的原因。

為了讓不穩定的關係可以邁向康莊大道，請觀想你和伴侶正享受著愉快的時光，而且完全專注在你們的愛情上。將這股能量注入你握在投射手中的硬幣。然後將硬幣從右肩上方扔進井中，同時說出：

王國的硬幣，
金星的金屬，
請確保我們之間
平靜無波。
請強化我們的愛情
在這神奇的一天，
這是我們所願
請讓我們如願以償。

注意：只有在雙方都試圖改善這段關係時，這項咒術才會有效。

許願井金錢咒

用投射手握著任何硬幣，觀想自己享有繁榮的成果，看見自己是個更有錢的人。為硬幣注入這樣的能量。

始終握著硬幣，說出以下字句：

王國的硬幣，
金幣和銀幣，
請以百倍
回到我身邊。

將硬幣扔進井裡，繼續說：

我召喚水
為我的咒術注入能量
此時此地
就在這許願井裡。

靈性咒

為了獲取最佳成果，請使用在1964年之前鑄造的硬幣，因為這些是確實是用銀鑄造的硬幣。1964年後的硬幣大多為覆蓋著薄薄一層銀的基本金屬，因此在魔法的應用上力量較薄弱。

手裡握著硬幣，凝視水中，沉澱心靈並深呼吸。用硬幣摩擦你的額頭，只要摩擦雙眼正上方的眉間即可，感受你的靈能知覺從日間的沉睡中覺醒。

觀想你的通靈意識狀態像純淨的白玫瑰般盛開，或是像滿月般升至你意識的地平線之上。

接著在你扔硬幣時，輕柔地說出以下字句：

先見之明，
靈性之光，
月之金屬，
請快速開啟我的靈能知覺。

坐在井（或泉水）旁，凝視水中，你就會知道你將會知道的。

淨化

可在情緒低落、生活失控、關係破裂，以及其他任何你覺得有需要的時候使用。

取四枚硬幣，先將硬幣洗至閃閃發亮（可能需要用小蘇打和牙刷來刷洗）。請在扔進井前完成這個動作。

在井邊，用投射手握著這四枚硬幣，觀想對你帶來不利影響的生活層面，將這個生活層面注入硬幣中，將你的負面狀況注入硬幣中，感覺其中阻礙的能量湧向硬幣。

站在井前，面向西方，將一枚硬幣扔進井裡，同時說出：

我自在地放下這個狀況。

在井前移動到面向北方。將硬幣扔進井裡，同時說出：

我自在地放下這個狀況。

這時，在井前面向東方，說出：

我自在地放下這個狀況。

面向南方，將硬幣扔進井中，說出：

我自在地放下這個狀況。

你的儀式已結束。

注意：在實際作為飲用水水源的井中執行這項儀式是不明智的。

美化咒

美麗不存於旁觀者的眼中，而是我們對自己感受的投射。當我們老是想著自己的「缺陷」(沒有人的身體是完美的)時，我們也減損了我們的內在與外在美。這項儀式的目的是增加我們對自己的好感，而這也會反映在我們呈現在他人面前的形象。因此，這會增加美麗。這是個簡單的儀式。用投射手握著五枚一美分硬幣，觀想自己是個美麗的人。不要把自己想成是自己最愛的電影明星，他或她有彩妝師、燈光師和攝影指導可以協助他們。觀想自己是個有愛心、心胸開放且散發著迷人魅力的人。將這樣的形象注入硬幣中，將一枚硬幣扔入井中，同時說出：

我允許自己變美，我接受美麗。

用剩餘的四枚硬幣重複同樣的動作。這樣就完成了。

在家中打造許願井

如果附近沒有許願井、泉或湖，或是你無法離家執行這些咒術，又或是冬天的寒冷將戶外的所有水源都凍結，那你可以在自己的家中打造一個許願井。

「井」應以天然材質打造，大的釉彩陶瓷花盆（底部無排水孔）會是理想的選擇，任何的大碗也可以。可以是代表水元素的藍色，但這並非必要。

將你的許願井固定擺放在一個位置，或許可擺在你的魔法施做場所，而且只在取回硬幣時移動許願井。如果做不到，請將許願井存放在某個隱密的場所，有需要時再移開。

若要為許願井灌注能量，你將需要一枚硬幣和瓶裝的泉水。如果找不到瓶裝泉水，可使用任何可取得的水。將盆或碗擺在平坦表面上。在井中注入2.5公分至5公分的水（不需要將容器完全注滿水），同時說出：

水在此井中沸騰，
為儀式和咒術賦予新生。

將硬幣握在投射手中，將許願井觀想成擁有無限力量的地方，閃耀的藍光從水中湧出；能量在此隱沒，然後再浮現，魔法已經完成。

握著硬幣時，說出以下或類似的字句：

深處的水之力量，
你保有的流動祕密，

請用這力量清洗這許願井，

從此刻起為我的魔法注入能量！

在說出最後一個字的同時，將硬幣扔進水中，為你未來的魔法施做提供能量並做好準備。

在此之後，你的許願井便能用於所有本章納入的咒術中，或是任何其他你設計的正面儀式。

請記住：硬幣一旦扔進井中，你便已將它們贈予水元素，請將硬幣留在井中，就像你在戶外的許願井許願一樣。

在使用許願井一段時間後，裡面的硬幣會累積。有必要時可將它們取出，擦乾後捐給你選擇的慈善機構（請勿花在購買個人物品上，這可能會影響到你生活中尚未實現的咒術，以及你未來的許願井魔法施做）。取出硬幣後，請用淡水清潔許願井，並重複上述的灌注能量儀式。

你也能將其他物品扔進井中，例如貝殼、上面畫有魔法符文的石頭，或甚至是半寶石。如果你決定要換成硬幣以外的物品，最好在進行改變之前先將裡面已經存有的所有硬幣取出。

可搭配許願井使用的礦石：

美麗：琥珀、碧玉、蛋白石。

勇氣：紅瑪瑙、血石、紅玉髓、虎眼石。

療癒：藍銅礦、方解石、燧石、石榴石、玉、綠松石。

愛情：紫水晶、玉、月光石、橄欖石、珍珠、黃玉。

金錢：東菱石、玉、紅寶石、虎眼石。

保護：阿帕契之淚（apache tear）、黃水晶、石英晶體、火山岩（lava）。

靈能知覺：海藍寶、祖母綠、青金石。

在進行「許願井儀式」時，可使用上述或其他列於第19章「創造自己的儀式」中的礦石。在咒術生效後，將礦石埋起，並為你的許願井重新灌注能量。

你的許願井，以及所有的許願井都是充滿力量的場所，因此，請尊重它們，以確保魔法的效力。

海魔法

Sea Magic

18

✦

在撰寫《大地魔法》時，我曾猶豫是否要納入這個章節，因為我推斷許多人住在遠離海洋的地區，但這似乎是較受歡迎的章節之一，因此我認為自己必須在本書中更深入介紹海魔法。

如我們所見，魔法經常需要召喚水的力量，特別是全世界的海洋一直以來都被民間魔法師視為是未開發的力量來源。魔法師們很早就開始在沿海地區的海岸邊進行他們的儀式。事實上，有些古老咒術特別指明力量「必須透過水而傳遞」。

我們的海洋充滿象徵主義和宗教的色彩，在數不清的歲月裡，海洋因被視為生命之源而受到崇拜和敬仰，尤其是仰賴捕魚為生的人，許多咒術就是在輕柔或洶湧的浪花旁完成的。

由於我已在《大地魔法》中介紹過，我仍持

續在學習海洋的力量和瞭解它神祕的面紗。我盡可能經常造訪海灘來執行儀式，而我的第一位老師摩根（Morgan）和我一樣熱愛海洋。

我們經常會在無人的海灘上生火、在沙地上畫符文，然後執行儀式。也有很多其他的時候，我們只是坐著做冥想，伴隨著海浪拍打沙灘的節奏，皎潔的明月高掛空中，或是夜色陰暗的浪激起帶有磷光的泡沫。如果我們在日落時分身處海灘，我們會和在浪花間嬉戲的海豚打招呼。

如果你想執行這類的魔法，遵循以下的一些準則會是明智的做法：

1、在傍晚或夜間進行。白天如果你的動作太醒目的話，可能會吸引群眾圍觀，這對你的魔法不太會有幫助。如果夜間的海灘不安全，那就在一大清早執行你的海魔法。請運用你的常識判斷。在一年中最炎熱的日子前往海岸實行魔法肯定會被一再打斷並引來好奇的眼光。寒冷、多雲的日子也很適合進行日間儀式。

2、請在離家前確認潮汐時間。傳統上，具建設性的咒術（愛情、療癒、金錢、靈能知覺、旅行、勇氣、保護）要在低潮至高潮期間執行。目的是摧毀疾病、壞習慣、執著等咒術應安排在退潮期間（從高潮至低潮）進行，即浪潮開始遠離海灘時。各種性質的咒術和儀式都能從高潮中獲益。每天都有兩次高潮和兩次低潮，許多報紙都會列出當天的潮汐時間。

3、盡量精簡裝備。有些自然魔法師會拖著他們的大釜、香爐、刀、特製杯具、幾瓶葡萄酒、食物、餐巾、書、錄音機、繩子、劍、藥草、礦石和貝殼來到海灘，但這並非必要。室內魔法的雜物和工具對戶外魔法來說是不必要的，因為在戶外，任何元素皆俯拾即是，許多你會用到的工具都可以在海灘上找到。例如可用石頭排成圓圈；可用一根漂流木當作鉛筆，在沙地上畫出魔法符文。即使是不像收藏品般完好如初的貝殼，仍能作為咒術的載具。進行海魔法時你最有可能用到的裝備包括手電筒（如有需要，可幫你在黑暗中找到路）、一些食物（儀式後使用），或許也需要生火。再一、兩件其他適用於執行儀式類型的物品，這樣所需的物品就齊備了。

4、穿著舒適的衣物。日間儀式只需身著一件泳衣或簡單的衣物。如果天氣寒冷，請視情況增添衣物。你可能不會真的要下水：單獨（以及在夜間）游泳是危險的。

5、保持簡單。你不會想要在十三人圍著火熱大釜跳舞的海邊執行儀式。試著從雲間透出的月光來閱讀咒語也不是明智的行為。如果可以的話，請將要念的字句背下。如果你沒有背下，但又要在夜裡實行魔法，請使用手電筒或生火（如果可以的話）。海灘魔法應是啟迪人心的，而非機械式的。沒錯，我確實在本章中列出了咒術和儀式，但那僅是建議，請運用你的直覺。一些文字和一些動作，再結合適當的觀想，就能在這樣的環境下產生非凡的效果。

6、將全世界的海洋視為不可思議的力量之源，並予以尊重，感受它們令人敬畏的能量。在執行任何魔法之前，請先和海洋進行調頻。

7、以下或許是這些建議中最重要的一項：將自己製造的髒亂清理乾淨。將線香和蘋果核留在海灘上並不會為你帶來更多力量。將你帶來的東西全數帶走。不要用倒沙子的方式將火撲滅。煤炭可能會悶燒數小時之久，其他不小心的海灘遊客可能會燙傷腳。請用海水將火撲滅。

現在正式進入海洋魔法。

海洋預備儀式

如果你願意的話，可在進行海濱魔法之前執行這項儀式。這項預備儀式的目的是讓你與海洋的力量調和。

面對海水，安靜地坐在沙灘上最高的海浪破碎處的上方。閉上眼睛，聆聽海的聲音，讓思緒平靜下來：只專注在海的聲音上。

在你覺得時機成熟時，說出以下或類似的字句：

海浪拍打，
海浪撞擊，
海浪洶湧，
海浪襲來。
將大海的力量帶給我，
將大海的力量帶給我。

稍做停頓。感受面前海洋無邊無際的能量。過一會兒後，繼續唱誦：

海水流動，

海水撫慰人心。
海水持續增強，
海水不停歇，
將大海的力量帶給我，
將大海的力量帶給我。
再度停頓，然後繼續唱誦：
介於陸地與海洋之間，
令人敬畏的力量統治此地，
我創造我的命運
以及我將獲取的一切。
掌管藍綠色浪花、碎波和沙子的太古支配者，
請賦予我
在海洋與陸地之間所見的力量。
請取走
我所樂於提供的力量，

幫我揭開你的神祕面紗
讓我的魔法留存。

靜坐冥想，時間長短視個人需求而定。在時機成熟時，施展你的魔法；畫出你的符文；將海藻加入你的魔法配置中：做任何你想要做的事。

調頻儀式

這是備用的預備儀式，可在任何海灘儀式之前執行，當然也可以單獨進行。

前往人跡罕至的的海岸，只有鹽、水和微風輕拂的荒涼且偏僻的沙灘。

在黎明、黃昏或天色昏暗時前往。

在新月時前往。

在漲潮時前往。

請帶著力量、喜悅和柔軟的心前往。

脫掉鞋子，脫掉襪子，雙腳踩進柔軟（但堅實）的乾燥沙子裡，感受下方無數的石粒。

走到水邊。感受清涼的水在你的腳趾周圍流動，歡迎你來到它的王國。

踩進濕沙中；融入元素中。彎曲一根手指並推入水中。

閉上雙眼，聞味道，感受，聆聽。

將這根手指放在嘴唇上，嚐味道。

張開雙眼，觀察。

從水中向後退。坐在沙灘上，與海洋連結，感受身體下方的陸地和海洋共同的心跳，感受海洋永恆且無限的能量。

聆聽棲息在那廣闊海洋中的生物呼喚。

這時，一樣坐著，觀想自己起身，無所畏懼且不急不徐地走向前。只要看到自己走入水中即可。

游泳。感受浪潮將你拉回陸地，拉回你的家，拉回你所知和所愛的一切……但同時……感受海洋的呼喚：你體內奔流洶湧的月亮引力；海水輕拍著你的心靈並觸碰你的靈魂。

輕輕轉身，返回遙遠的海岸。你的手臂（不是魚鰭）非常強壯。你用雙腳打水。你有力地游著，直到游到岸邊。上岸，感覺水變得越來越淺。感覺冰冷的腳踩到硬沙。緩慢地爬上海灘。面向海洋坐著：聆聽、傾聽、品嚐、觸摸、觀察。

你已經返家。你再度回到了海灘上。持續體驗海洋的神奇之處，直到儀式結束。

用投射手的食指在沙灘上畫出以下符文：

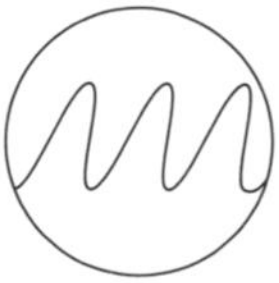

站著。讓海水洗刷你的雙腳。如果你有要執行的儀式，現在就是時候。如果沒有，請向後退三步，轉身走開，但不要離開海水，而是和海水同在，感受海洋的循環在你體內脈動著，聆聽它拍打的海浪聲，品味它帶鹹味的輕拂，感受它的退潮和流動，而且知道自己不會離開海洋……無論你去到哪裡，它都與你同行。

基本海洋咒

這項儀式是基本的吸引儀式，應在日間進行。

走在海灘上，直到找到石頭、貝殼、小片的乾海藻、小塊的漂流木，或是任何被海水沖上岸的自然物品。將這項物品握在投射手中，觀想自己的需求，將個人力量注入這項物品中，看見自己的需求在生活中實現。

面向海洋站著，始終握著海洋的珍寶，等著八道海浪打過來並消退，同時建立個人力量。在第九道浪碎裂時，將物品扔進海中。在扔出物品的同時釋出力量和進行觀想；讓海水將它們吞沒。

可滿足你需求的能量已經開始啟動。

沙塔（驅逐儀式）

在漲潮時來到海邊，製作沙塔（或「城堡」）。動作迅速，製作至少五座小塔。建造時，將你的問題傾注至小塔中。向後退。很快地，海浪將會湧現並將沙塔拆除。在沙塔被摧毀的同時，說出以下或類似的字句：

沙與海，風與太陽
驅逐它！它的力量已經終結！

前世回溯

這項儀式應單獨執行，最好是在空無一人的海灘上。盡量坐在高一點的地方，以免冥想時瘋狗浪突然湧現並將你捲走。

在退潮時（高潮至低潮之間）來到海邊。身著寬鬆衣物，面向海洋，舒適地坐在海灘上。閉上雙眼，將注意力放在額頭和眉頭之間（即「第三眼」的位置）。聆聽海洋的聲音，摒除其他想法，只專注在海洋的聲音上。關掉其他感官，直到腦中只有大海的轟鳴聲。

當你姿勢放鬆，讓海浪充滿你的身體時，請及時開始向後移動（在你的腦海中）。讓每道浪將你向後推得越來越遠。海浪的拍打相當於一天，接著是一週、一個月、一年、十年、一百年，一直回到你覺得是時候停止為止。

如果有影像浮現在你腦海，請和它們合作。試著讓畫面更清晰。你身處何處？你是誰？你是否有注意到什麼建築物、景觀、其他人的穿著？你叫什麼名字？或許你會聽見聲音。說的是什麼語言？你可以看到自己的臉或某人的臉嗎？你最親近的友人是誰？

（如果你莫名感到害怕，只要張開眼睛就能停止進行，這樣的練習完全在你的掌控之中。）

維持在這個狀態，直到沒有其他的資訊再浮現，接著在你的腦海中穿越時間，緩慢地回到當下。很快地，睜開眼睛，伸展一下四肢，然後感謝大海的協助。

請記住，我們的表層意識會玩弄我們，這就是為何在此要運用海洋催眠的聲音來麻痺表層意識，讓我們進入半意識狀態，如此一來，通靈意識狀態才有機會顯現。但在你仔細研究過之前，仍要帶著懷疑去檢視所有你從這樣的經驗中得到的資訊。

如果你不喜歡自己發現的東西，或是覺得需要淨化，可讓海水沖刷你的雙腳。不要游泳；只要將雙腳打濕即可。

貝殼咒

這是項多功能的儀式，可用於愛情、金錢或健康。

選擇一個你知道通常會有大量貝殼被沖至沙灘上的海灘。在高潮之前到海邊待個一小時左右。看著海浪，說出以下或類似的字句：

乘著碎浪和沙子，
乘著海浪和海水，
乘著浪花和陸地，
請為我帶來屬於我的貝殼。

走在海灘上，最好走在剛被海浪輕拂過的沙灘上。你要尋找的是一個「蛤蜊」殼，即雙殼貝類（有兩個殼的貝殼）的半邊殼。這在全世界的海灘上都很常見，因此應該不難找到一個。請選擇一個至少4公分長的貝殼，而且越大越好。小貝殼在這項儀式中就是無法發揮效果。

當你找到吸引你的貝殼時，將它撿起，說出以下或類似的字句：

被沖至海灘上的貝殼，
請在我的能力範圍內實現我的需求。

用海水洗去貝殼上的沙子和微量海藻。回家（到家後，不要試圖用淡水沖洗貝殼，鹽就是海洋的祝福）。將貝殼擺在你魔法場所的桌上。收集以下符合你需求的物品（當然是一項咒術用於一項需求）：如果要祈求愛情，請準備粉紅色的蠟燭和玫瑰花瓣。如果要祈求金錢，請準備綠色蠟燭和丁香粉。如果要祈求健康，請準備藍色蠟燭和鼠尾草粉。只需用到少量的香草。將香草放入碗中，觸碰香草，並說出適當的祈禱文，例如：

愛情、愛情，屬於我的愛情。

或是

金錢、金錢，來到我身邊。

或是

健康、健康，請讓我康復。

在觸碰香草的同時觀想你的需求。為香草注入個人力量。將一至兩撮香草放入貝殼中，在這麼做的同時說出：

我將愛（或金錢、健康）放入海中。

點燃適當顏色的蠟燭。握著直立的蠟燭，觀想你的需求，直到蠟燭的火力開始減弱。將蠟燭傾斜，將蠟滴在貝殼內的香草上，緩慢地將香草淹過。這個過程需要花一些時間。

在香草完全被蠟蓋過後，將燭火捏熄或撲滅，將所有物品收起。將貝殼放入海藍色的小袋子裡，或是用一條藍布包起，隨身攜帶，直到你的需求顯化為止。

石堡（尋找新家）

從海灘上收集幾顆小石頭。觀察至海浪消退，這時動作迅速地用石頭排成你新家的概略輪廓。輪廓本身並不如你的觀想重要：請看見自己身處於新家中。站起來，向後退。水會再漲起。當海浪沖擊石頭，並將石頭沖開時，石頭便會釋出能量，讓你的願望加速顯化。

五角星海草（保護用）

這是個需要很多海草的簡單儀式。花幾分鐘時間收集那光滑的東西，尋找較長的海草。

將海草浸入海水中，以洗去多餘的沙子。

接下來，一邊握著海草（或是摸著你打造的海草堆），說出以下或類似的字句：

海中之草，海中之草，

請將保護帶到這裡給我。

觀想並將保護力量傳送至海草上。這時用海草打造一個五角星，頂端的尖角應朝向海洋。盡量將五角星做大一點，做得完美。

完成時，站或坐在五角星海草的中央一會兒，吸收保護力量。

也能在你的儀式場所附近打造五角星海草，以防止在海邊執行任何魔法時有不速之客入侵。

療癒海洋儀式

這是用於世界各大海洋的儀式。即使現代已知海洋是脆弱的，但污染仍在持續。如果你有機會這麼做，請至少到海灘執行這項儀式一次。如果無法，則請在家執行這項儀式。這並非進行私人、個人咒術的時刻。這是為海洋奉獻的時刻：為它們提供生存的力量（有些人可能會將這項儀式視為踐踏他人的自由意志，或甚至是操控魔法。沒有關係，只要稍微改變一下觀想即可）。

走進水中，觸碰元素，將自己打濕（不必游泳），然後坐在沙灘上。

依照下列說明，一個接一個地持續觀想。每個觀想都盡可能維持久一點的時間，再進入到下一個：

- 觀想一片閃亮潔淨、沒有污染的海洋。月亮在海面上閃耀，將銀白色的光灑在無邊無際的海洋上。波浪在靠近你時碎裂，每道海浪都既強大又純淨。浪花散發出藍綠色的光。
- 觀想遠方形成會製造海浪的波濤起伏，感受其力量，觀想它們既強大又純淨。
- 觀想炎炎夏日的海灘，看到人們將他們的垃圾帶走，觀想海洋既強大又純淨。
- 觀想一個停滿船隻，很熱鬧的海港。看見船主和所有海上的航行者都拒絕污染海洋，觀想海洋既強大又純淨。
- 觀想一座海濱城市，看見那邊的工廠拒絕將毒素排入海水中，觀想海洋既強大又純淨。
- 觀想從太空觀看我們的星球，看見這個星球上的居民都是熱愛海洋的生物，被海水所圍繞，觀想這個星球上的海洋既強大又純淨。
- 觀想一片閃亮潔淨、沒有污染的海洋。太陽在海面上閃耀，在無邊無際的海洋上發光。波浪在靠近你時碎裂，每道海浪都既強大又純淨。浪花散發出白光。

魚在清澈的水面下游動，螃蟹散落在浪花四濺的岩石上，珊瑚蟲在建造珊瑚礁，海豚和海豹在海浪中翩翩起舞，鯨魚附和著彼此的叫聲，不安分的鯊魚在深處游弋，海草在波光粼粼的海浪……以及全世界的海洋中搖曳著，我們終於了解海洋是我們的母親，而我們會好好照顧她。

觀想完成後，再度觸摸海水。

創造自己的儀式

Creating Your Own Rituals

19

✦

或許你已經花了一些時間練習咒術和儀式，而且發覺自己想要的不僅如此。你或許感覺自己已經遇到魔法的停滯期。又或者是，你對於無法針對自己的狀況找到適當的咒術而感到沮喪。

那你絕不能錯過本章，相信你可從中找到自己內在的力量。創造自己的儀式是自然魔法中為人帶來極大滿足感的一環，你可以根據自己的需求量身打造咒術。這些咒術可能比我在本書中介紹的任何咒術都還要強大，因為是你創造它們的！

只要你遵循本章列出的九大準則，你的咒術就會和任何曾被寫下或執行的咒術一樣有效。別相信古老的咒術會比新咒術更有效，這從任何層面來說都不是真的，不論是魔法上，還是心理上。大部分古老的咒術會使用動物的身體部分

（青蛙骨頭、狼毛），或是不可能取得的材料（癩蛤蟆頭上的寶石）。在這個較溫和的時代，這樣的儀式不僅令人反感，而且還是違法的。

此外，也很難找到可用來戒除特定藥癮、尋找新車，或是減輕壓力的百年咒術。如果你有正確操作魔法，你就會得到結果。如果你有所收穫，你就知道魔法奏效了，而下一步就是配合特定情況撰寫個人的儀式。

以下以簡要方式提出本章的要點：

1、確定咒術的目標。

2、確定相關的元素。

3、確定要使用的材料。

4、確定執行咒術的最佳時間（如果有的話）。

5、創作有力的韻律或文字。

6、撰寫書面形式的咒術。

7、咒術最終定案。

8、收集工具。

9、執行咒術。

如果你遵循這項計畫，並使用基本的魔法邏輯，你就會成功。現在來介紹各項重點的具體細節。

✦ 確定咒術的目標 ✦

這是你的魔法目標或需求，即進行儀式的原因。請具體說明，但又不要過於具體。例如你是想要1979年白色的凱迪拉克，還是需要任何可以運轉且可靠的車？你越是具體，就越難滿足你的需求。因此，永遠不要對某個特定的人施行愛情咒。

如果是用於戒除某個成癮症狀的咒術，務必也要驅除成癮的根本原因。如果你戒除成癮症的咒術非常成功，但卻未能處理成癮的原因，這只會讓你轉而對其他物質上癮。

> 請記住：咒術是用來滿足需求的，而不是突如其來的衝動。

✦ 確定相關的元素 ✦

幾乎每一種魔法需求都隸屬於書名的元素之一，通常我們會使用在魔法上和該元素相關的工具。

在各種驅除咒中，最好使用和主宰該問題相反的元素工具。因此，古柯鹼成癮是由火元素所支配，理想上應使用水元素進行驅除。

可使用以下清單來尋找相關的元素。若你的需求沒有列在這裡的清單上，可試著用我在清單上列舉的範例來判定元素性質。

有些需求可能同時由兩種元素所支配，你可結合不同的元素，或是從清單中擇一。此外，請記住這是我個人的清單，你可以有其他的聯想。

✦ 需求與相關元素 ✦

酗酒（戒除酒癮）：地。

動物（保護）：地。

公寓（取得）：地。

美麗：水。

帳單（支付）：地。

事業（成功）：地。

車（取得）：火。

小孩（保護）：火。

古柯鹼成癮（戒除）：水。

音樂創作：水。

勇氣：火。

家暴：請參考本章的「魔法需求及工具」部分。

（記住）夢：風、水。

夢、（靈性）：水。

（預防）昏昏欲睡：火。

大地（保護和療癒我們的星球）：地、風、火、水。

就業：地。

（創造或促進）友誼：水。

（釋放）罪惡感：風。

療癒：水、火。

健康：水、火。

房屋（取得）：地。

房屋淨化：水。

面試（表現傑出）：火。

嫉妒（釋放）：土。

愛情：水。

魔法能量：火。

（強化）婚姻：水。

（戒除）安非他命成癮：水。

金錢：地。

飲食過量：風。

和平：水。

身體和魔法上的力量：火。

淨化：水、火。

性愛：火。

睡眠（助眠）：水。

抽菸（戒除菸癮）：水。

壓力（舒緩）：水。

學習：風。

旅行：風。

旅行（旅程中的保護）：火。

> 注意：用來戒除成癮症的儀式必須搭配心理諮商、參與互助會或其他療癒計畫進行。

✦ 確定要使用的材料 ✦

你有各式各種的工具可以使用：蠟燭、香草、礦石、顏色、符文等等，可選擇在魔法上與你的目標相關的工具。下表包含部分適用於特定魔法需求的自然工具，全都和需求隸屬的元素有關。你不需要使用在此列出的每一項工具；只要選擇你容易取得的即可。

你決定要使用的工具可以確定咒術的基本形式。如果你選擇使用蠟燭，你將為它們注入力量並加以點燃。不然也可以畫符文；混用香草和礦石；將觀想的意象傳送至浴缸或森林中；或是任意數量的其他儀式動作。

為了協助你設計自己的儀式，我也納入了建議的儀式形式（即可使用工具進行的事）。各項需求所列出的顏色是選擇蠟燭、特定色彩的布（用來放香草的袋子）、墨水（用來畫魔法象徵圖）時的參考，並供其他與你的魔法目標直接相關的目的使用。

✦ 魔法需求及工具 ✦

酗酒（戒除酒癮）

顏色：棕色或綠色。
香草：絲柏、廣藿香、鼠尾草、薰衣草。
石頭：紫水晶。
儀式形式：將酒精倒入一杯水中（稀釋），接著將這倒在光禿禿的地面上（停止成癮症狀）。

象徵圖：

其他工具：互助會；一般的石頭，經灌注能量後以口袋攜帶。

動物（保護）

顏色：棕色。

香草：胡薄荷、薰衣草、肉桂、羅勒。

石頭：瑪瑙（任何顏色）、綠玉髓、孔雀石。

儀式形式：用灌注能量的礦石摩擦動物；將灌注能量的香草和動物的照片（在背面畫上魔法保護符文）一起擺在布中。

象徵圖：

其他工具：如果是貓狗，一點脫落的毛髮即可；如果是鳥，可使用一根掉落的羽毛；如果是蛇，可使用蛻下的皮。各種動物都可使用化石；也可使用動物的照片或素描。

公寓（取得）

可參考房屋（取得）。

美麗

顏色：淡藍色或粉紅色。

香草：玫瑰、百里香、薰衣草。

石頭：琥珀、碧玉、祖母綠、蛋白石。

儀式形式：用灌注能量的香草在一面鏡子周圍排成圓圈，向下看著自己的倒影。

象徵圖：

其他工具：隨身鏡。

帳單（支付）

顏色：綠色。

香草：肉桂、丁香、肉豆蔻、鼠尾草。

石頭：東菱石、玉、橄欖石、虎眼石。

儀式形式：在草圖上點蠟燭。

象徵圖：標示「已全額支付」的帳單草圖，上面畫上金錢符號。

其他工具：實際的帳單本身。

事業（成功）

顏色：綠色。

香草：安息香、肉桂、廣藿香。

石頭：血石、綠碧璽、孔雀石。

儀式形式：將灌注能量的物品放入收銀機中。

象徵圖：

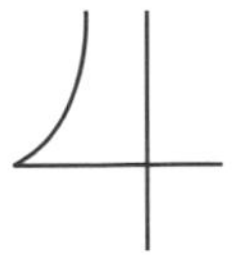

其他工具：名片。

車（取得）

顏色：紅色。

香草：多香果、雪松、薑、迷迭香。

石頭：石榴石、硫磺石、虎眼石。

儀式形式：用照片包住礦石；將注入能量的香草擺在蠟燭周圍。

象徵圖：即將來到你身邊的車子草圖。

其他工具：類似車款的照片；小鋼片。

小孩（保護）

顏色：紅色。

香草：葛縷子、益母草、肉桂、牛膝草、玫瑰、薰衣草。

石頭：瑪瑙（任何顏色）、琥珀、珊瑚石、青金石。

儀式形式：為香草灌注能量，放入布中，給小孩（或是放在臥房裡）；讓小孩佩戴含注入能量的礦石飾品。

象徵圖：

給1個小孩

給2個小孩

給3個小孩

其他工具：小孩的照片。

古柯鹼成癮（戒除）

顏色：黃色。不建議使用蠟燭！

香草：茴芹、薰衣草、肉豆蔻、鼠尾草、檸檬草。

石頭：東菱石、藍紋瑪瑙、粉晶、紫水晶。

儀式形式：在紙上素描象徵圖，為香草和礦石灌注能量，和象徵圖一起放入黃色袋中；隨時攜帶。

象徵圖：

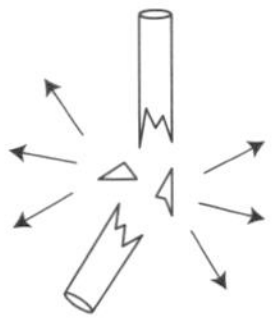

其他工具：互助會、心理諮商。

音樂創作

顏色：藍色。

香草：洋甘菊、肉荳蔻、鳶尾草、玫瑰。

石頭：藍銅礦、藍色方解石、玉、方鈉石。

儀式形式：為礦石灌注能量，放入透明水杯中。

象徵圖：用自行選擇的樂器創作音樂的草圖。

勇氣

顏色：紅色。

香草：多香果、黑胡椒粒、百里香。

石頭：石英晶體、石榴石。

儀式形式：用礦石圍繞蠟燭，將蠟燭點燃；握著注入能量的礦石。

象徵圖：

家暴

顏色：不適用。

香草：不適用。

石頭：不適用。

儀式形式：不適用。

象徵圖：不適用。

其他工具：立刻打給你的諮詢專線、婦女中心、當地執法機構或電話接線員！

（記住）夢

顏色：藍色和黃色。

香草：薰衣草、檸檬草、檸檬馬鞭草、鼠尾草。

石頭：紫水晶、東菱石、月光石。

儀式形式：將灌注能量的香草包在布中，和香草包一起共眠；為含有上述礦石之一的銀色飾品注入能量，戴著入睡。

象徵圖：

其他工具：夢日記（儀式期間，你可能會在夢日記附近點蠟燭，之後請將日記持續擺在床邊）。

夢（靈性）

顏色：藍色。

香草：薰衣草、檸檬草、艾草、肉荳蔻、玫瑰、番紅花。

石頭：紫水晶、藍銅礦、黃水晶、青金石、月光石。

儀式形式：將灌注能量的香草包在布中，和香草包一起共眠；將灌注能量的礦石放在枕頭下。

象徵圖：

其他工具：小圓鏡：讓鏡子曬月光，擺在床上或床邊。

（預防）昏昏欲睡

顏色：紅色。

香草：羅勒、辣椒、薑。

石頭：虎眼石、紅碧璽。

儀式形式：為香草灌注能量並聞嗅香草；將灌注能量的礦石放入有陽光照射的水中，晾乾，然後佩戴。

象徵圖：

大地（保護和療癒我們的星球）

顏色：棕色和綠色。不建議使用蠟燭。

香草：從你住家區域的野生植物身上收集幾片葉子或花朵。請帶著愛意進行採集。

石頭：在地上或河床裡找到的普通石頭。不建議使用各種礦石（包括石英晶體）。

儀式形式：觀想；為礦石灌注能量並埋進地下；為苗木和花圃灌注能量。

象徵圖：

其他工具：從太空中拍攝的地球彩色照片。

就業

顏色：綠色。

香草：多香果、羅勒、肉桂、蒔蘿、鼠尾草。

石頭：血石、橄欖石、虎眼石、黃玉。

儀式形式：用香草摩擦象徵圖（畫在紙上），將礦石擺在蠟燭周圍。

象徵圖：

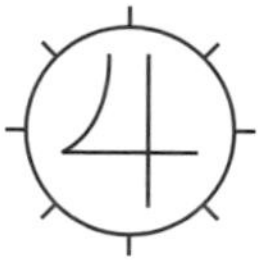

其他工具：為你需要的工作寫一個「招聘廣告」，列出薪水、資格、工作時間、地點等。

（創造或促進）友誼

顏色：粉紅色。

香草：洋甘菊、肉桂、香菜、香蜂草、岩蘭草。

石頭：紫水晶、鳳凰石、綠玉髓、粉晶。

儀式形式：在你和他人的照片上方畫出象徵圖；為香草或石頭灌注能量後隨身攜帶。

象徵圖：

（釋放）罪惡感

顏色：黃色。

香草：茴芹、玫瑰、迷迭香、滑榆樹。

石頭：海藍寶石、方解石、粉晶、鹽石。

儀式形式：將罪惡感釋放至礦石中，扔至空中；將象徵圖畫在樹葉上，撕成碎片，從高處拋向空中。

象徵圖：

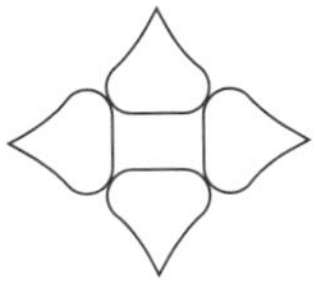

其他工具：將繩子打結來代表你的罪惡感，在儀式期間將繩結鬆開。

療癒

顏色：藍色（針對創傷和一般療癒）；紅色（摧毀疾病）。

香草：月桂、肉桂、尤加利、薄荷、鼠尾草、黃樟、綠薄荷。

石頭：紅玉髓、赤鐵礦、玉、橄欖石、綠松石。

儀式形式：為石頭灌注能量，放入浴缸；用灌注能量的香草圍繞蠟燭，將蠟燭點燃。

象徵圖：

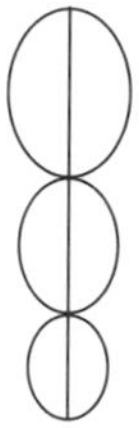

其他工具：將藥瓶存放在你施做魔法的場所，或是在藥瓶旁點蠟燭後再服藥（如果時間允許的話）。

健康

顏色：藍色。

香草：月桂、肉桂、尤加利、薄荷、鼠尾草、黃樟、綠薄荷。

石頭：紅玉髓、赤鐵礦、玉、橄欖石、綠松石。

儀式形式：參考前述的「療癒」儀式。

象徵圖：

其他工具：你處於理想健康狀態的照片。

房屋（取得）

顏色：綠色或棕色。

香草：松葉、廣藿香、蕨類植物、馬鞭草。

石頭：黑曜石、阿帕契之淚、赤鐵礦、縞瑪瑙。

儀式形式：將灌注能量的香草和石頭一起包在草圖中，擺在房屋形狀的盒子裡。

象徵圖：一張平面圖的簡單草圖。

其他工具：木屑。

房屋淨化

顏色：白色。

香草：尤加利、檸檬、柳橙、迷迭香。

石頭：石英晶體、鹽石。

儀式形式：為磨碎的綜合水果灌注能量，在每個房間放少量的水果碎末；燃燒灌注能量的迷迭香；在整個房子裡攜帶白色蠟燭。

象徵圖：

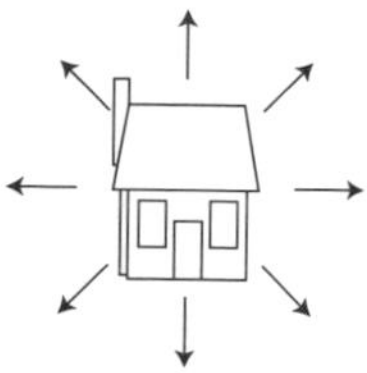

其他工具：在窗戶清潔液中加入灌注能量的檸檬汁。

面試（表現傑出）

顏色：紅色。

香草：多香果、黑胡椒、迷迭香。

石頭：紫水晶、血石、紅玉髓、虎眼石。

儀式形式：為石頭灌注能量並隨身攜帶；在面試前食用含少量灌注能量的香草的食物。

象徵圖：

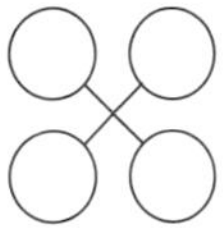

其他工具：為履歷灌注自信能量。觀想。

嫉妒（釋放）

顏色：藍色。

香草：小荳蔻、香菜、蒔蘿、檸檬、玫瑰、迷迭香。

石頭：紫水晶、鳳凰石、粉晶。

儀式形式：在磨碎的香草中畫出象徵圖，接著用布包起並攜帶；將嫉妒釋放至石頭中；燃燒灌注能量的藍色蠟燭。

象徵圖：

其他工具：一封寫給你嫉妒的人的信。在信的上方畫出象徵圖，然後將信燒掉。

愛情

顏色：粉紅色。

香草：羅勒、薰衣草、玫瑰、迷迭香、百里香。

石頭：紫水晶、玉、月光石、綠松石。

儀式形式：為香草灌注能量並攜帶；為含有上述石頭之一的飾品灌注能量並穿戴；用香草和石頭在蠟燭周圍排成圓圈。

象徵圖：

其他工具：杯子、水、戒指。

魔法能量

顏色：紅色。
香草：多香果、羅勒、康乃馨（新鮮花朵）、薑。
石頭：菱錳礦、虎眼石。
儀式形式：為香草灌注能量，吸入香味；穿戴灌注能量的石頭；在鏡子前點蠟燭；吸收能量。
象徵圖：

（強化）婚姻

顏色：粉紅色和紅色。

香草：羅勒、洋甘菊、肉桂、丁香、薰衣草、玫瑰。

石頭：粉晶、粉紅碧璽。

儀式形式：將畫有象徵圖的紙張擺在粉紅色和紅色蠟燭下方；為香草灌注能量，擺在床下。

象徵圖：

其他工具：觀想；在儀式中燃燒從婚禮蛋糕上留下來的蠟燭；照片。

（戒除）安非他命成癮

顏色：藍色。

香草：薰衣草、玫瑰、胡薄荷、薄荷、鼠尾草。

石頭：紫水晶、玉、粉晶。

儀式形式：畫出象徵圖，為香草和石頭灌注能量，全部放入藍色袋子中攜帶；用灌注能量的石頭沐浴；為床邊的新鮮玫瑰灌注能量。

象徵圖：

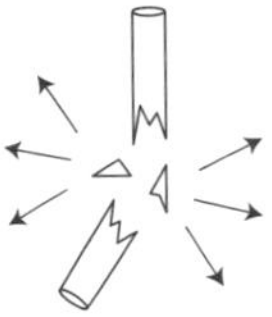

其他工具：水碗（將成癮症溶解在水中；用其他的水稀釋，倒入排水孔）。

金錢

顏色：綠色。

香草：羅勒、丁香、蒔蘿、肉荳蔻、廣藿香、松樹、鼠尾草。

石頭：東菱石、血石、玉、橄欖石、虎眼石。

儀式形式：用灌注能量的石頭摩擦金錢；為香草灌注能量並在觀想時聞嗅香草；將灌注能量的石頭或香草埋起；為蠟燭灌注能量，放入燭台，燭台下方壓著一張一美元的鈔票；點燃蠟燭。

象徵圖：

其他工具：新鮮泥土、鹽、用綠色墨水在硬紙板上概略畫出的美元鈔票。

飲食過量

顏色：黃色。

香草：杏仁、香菜、蒔蘿、茴香、薰衣草、玫瑰。

石頭：東菱石、石榴石、雲母、紅寶石。

儀式形式：為蒔蘿或茴香灌注能量，灑在食物上；聞嗅灌注能量的玫瑰花瓣後再食用；用袋子攜帶灌注能量的香草和石頭；在你的食物上方觀想象徵圖。

象徵圖：

其他工具：互助會、心理諮商、觀想。

和平

顏色：藍色。

香草：孜然、洋甘菊、薰衣草、胡薄荷。

石頭：紫水晶、海藍寶石、玉髓、方鈉石。

儀式形式：為石頭灌注能量並放入浴缸中；為香草灌注能量，排放在點燃的蠟燭周圍。

象徵圖：

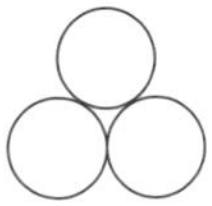

其他工具：輕柔的音樂、涓涓細流、安靜的冥想。

身體和魔法上的力量

顏色：紅色。

香草：多香果、羅勒、康乃馨（新鮮花朵）、薑。

石頭：鑽石、石英晶體、紅寶石。

儀式形式：用灌注能量的石頭摩擦身體；在用餐時點燃灌注能量的蠟燭。

象徵圖：

其他工具：觀想自己很強壯。

保護

顏色：紅色或白色。

香草：羅勒、月桂、黑胡椒、蒔蘿、杜松、松樹、鼠尾草。

石頭：紅玉髓、石英晶體、石榴石、火山岩、鹽石。

儀式形式：為石頭和香草灌注能量，擺在蠟燭周圍；攜帶灌注能量的香草。

象徵圖：

其他工具：照片（將灌注能量的香草擺在上面）；鏡子、火或火焰、彎曲的釘子。

靈能知覺

顏色：藍色。

香草：茴芹、月桂、肉桂、肉荳蔻、薄荷、玫瑰。

石頭：紫水晶、海藍寶石、青金石。

儀式形式：聞嗅灌注能量的香草；穿戴灌注能量的石頭或放入浴缸中。

象徵圖：

其他工具：塔羅牌、水碗。

淨化

顏色：白色。

香草：尤加利、檸檬、柳橙、綠薄荷。

石頭：海藍寶石、方解石、石英晶體、鹽石。

儀式形式：用泡水的香草清洗；用灌注能量的石頭點蠟燭。

象徵圖：

其他工具：用香草摩擦過並且灌注能量的鏡子，用來將負面能量傳至戶外（對著窗戶）。

性愛

顏色：紅色。

香草：肉桂、薑、廣藿香、歐芹。

石頭：紅玉髓。

儀式形式：在為香草灌注能量時點燃紅色蠟燭，將香草用紅布包起，擺在枕頭下。

象徵圖：

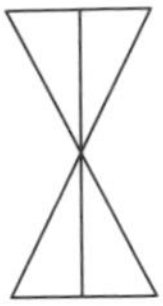

睡眠（助眠）

顏色：藍色。

香草：薰衣草、香蜂草、檀香、香草。

石頭：紫水晶、海藍寶石、月光石。

儀式形式：將石頭擺在蠟燭周圍，將石頭帶到床上；為薰衣草灌注能量，在就寢前聞嗅。

象徵圖：

抽菸（戒除菸癮）

顏色：藍色。不建議使用蠟燭。

香草：只使用新鮮香草：貓薄荷、尤加利葉、玫瑰、香豌豆、百里香。不建議使用乾燥香草和花朵。

石頭：東菱石、波斯瑪瑙、黃玉。

儀式形式：為石頭灌注能量並攜帶；聞嗅新鮮、灌注能量的花朵。

象徵圖：

其他工具：互助會、戒菸計畫和小工具。

壓力（舒緩）

顏色：藍色。

香草：孜然、薰衣草、胡薄荷。

石頭：紫水晶、方解石、紫鋰輝石、孔雀石、方鈉石。

儀式形式：在藍色蠟燭的火焰下冥想；在洗澡水中加入一袋灌注能量的薰衣草；穿戴灌注能量的石頭。

象徵圖：

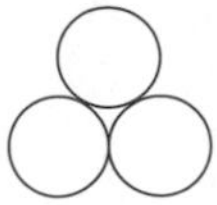

其他工具：聞嗅新鮮、芳香的花；沐浴或緩慢地游泳；自來水（將雙腳放在水下）。

學習

顏色：黃色。

香草：乳香膠、迷迭香。

石頭：東菱石、祖母綠、螢石、黃水晶。

儀式形式：為石頭灌注能量，在儀式期間擺在書上。

象徵圖：

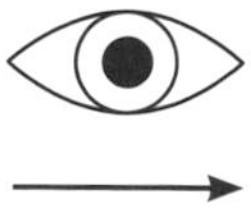

旅行

顏色：黃色。

香草：茴芹、肉荳蔻、薄荷。

石頭：東菱石、玉髓、雲母。

儀式形式：將目的地刻在蠟燭上，進行觀想並點燃蠟燭；為石頭灌注能量並寄到你的目的地。

象徵圖：

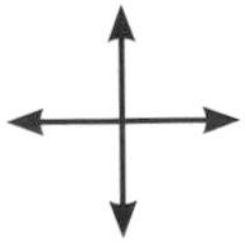

其他工具：地圖（將目的地圈起，箭頭指向目的地）。

旅行（旅行中的保護）

顏色：紅色。

香草：海草、海帶、墨角藻。

石頭：紅玉髓、綠松石。

儀式形式：為海草灌注能量，在旅行期間隨身攜帶；為石頭灌注能量，擺在目的地的地圖上。

象徵圖：

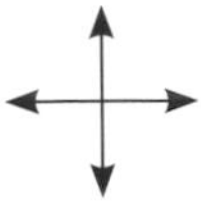

其他工具：用紅色墨水畫上保護符文的目的地地圖；化石。

注意：上述「儀式形式」僅供參考，請使用吸引你的形式，或是自行創造。

✦判斷執行咒術的最佳時機（如果有的話）✦

過去的大地魔法師幾乎都受制於星星的位置、月相、日夜的時間，以及季節。他們相信唯有在最適當的時刻執行咒術才會有效。

儘管這樣的概念已證實並不可信，但如果可以的話，在以下討論的至少一個週期安排儀式還是有一些好處。如果你等不及也沒有關係，這不成問題。在這個時候，施行咒術的最適當時刻就是現在。

✦太陽✦

有些魔法師可能會等到太陽進入適當星座的月分，這對重要的魔法操作來說很好，但對於施做日常魔法的人來說卻有點不切實際。然而，還有其他值得關注的太陽週期……如果你有時間的話。如果沒有，就不必等待。

日出

隨著光線從東方地平線向外延伸，一天就這樣開始了。這是執行淨化、事業成功、學習、就業、戒除各種成癮症；以及旅行、釋放罪惡感和嫉妒、療癒疾病及表層意識等儀式的絕佳時刻。

中午

這是太陽徹底綻放光芒的時刻。適合進行所有太陽儀式，也包括與魔法能量、體力和力量、保護、金錢及勇氣相關等意圖的儀式。

日落

太陽從西方的地平線落下，代表這是適合戒除成癮症、減重、驅逐苦難和痛苦、轉化悲痛和負面習慣的時刻。

夜晚

這時已經看不見太陽。這是昏昏欲睡的時刻，適合進行美容、做夢、做靈性夢、靈能知覺、靈性、睡眠、性愛、淨化、愛情、友誼、平靜、釋放壓力、療癒創傷等儀式。

✦ 月亮 ✦

月亮每個月都會有圓缺，每二十四小時大約會晚一小時升起。滿月時，月亮會在太陽下山時升起。傳統上在不同的月相時可執行不同種類的咒術，還有更複雜的模式與每個農曆月的特定日子相關，但現今已很少遵循這些方法。各種月相與適合的魔法種類說明如下：

盈凸月（從新月到滿月）

月亮漸盈時是開始、健康、療癒、靈能知覺、美容、生育和各種正向魔法施做的時刻。

滿月

在滿月強大的光輝下適合執行各種正向的魔法咒術，包括保護、愛情、療癒、淨化、靈能知覺、金錢和旅行。

虧凸月（從滿月至新月）

這是適合驅除習慣、成癮症、疾病和負面想法的時刻。可在虧凸月下釋放嫉妒、罪惡感和傷害。將舊的能量一掃而空，才能為新的能量騰出空間。

✦ 季節 ✦

根據某些大地魔法師表示，季節的強大效果也會對魔法施做帶來巧妙的影響。傳統上，在以下的季節裡會執行下述種類的魔法：

春季

療癒的時刻；淨化（春季大掃除就是流傳下來的其中一種儀式）；靈能知覺；支付帳單；生育；種植魔法花園；以及環保儀式。風系魔法。

夏季

適合進行愛情、婚姻、友誼、美容、保護、勇氣、魔法能量、體力和力量等相關儀式的時刻。火系魔法。

秋季

適合進行金錢、就業、新財物（包括車子和房子）等相關儀式的時刻。水系魔法。

冬季

適合驅除疾病、習慣和成癮症、尋找前世的時刻。這是適合自省、冥想、閱讀，以及為即將到來的春天進行更新魔法練習的時刻。地系魔法。

✦ 特殊時刻 ✦

帶有閃電的風暴是具有強烈能量的時刻。所有在風暴期間施展的魔法將會獲得風暴的力量，可能會更有效，也很適合在這個時刻執行保護儀式。

暴風雨很適合用於淨化、愛情、憐憫、友誼、美容儀式，以及釋放罪惡感和嫉妒。

暴風雪是進行緩和魔法、淨化和平息情緒的時刻。釋放單相思之苦。

強風可為戒除成癮症、幫助學習和旅行咒術等儀式賦予力量。

炎熱的日子可為保護、勇氣和能量等儀式注入能量。

日月食對於觀察者和魔法師來說都是戲劇性的時刻。過去建議魔法師不要在日月食期間執行魔法。今日的許多魔法師會使用日月食暗示的力量來助長和驅除相關的咒術，包含疾病的摧毀。

以上是一些施做魔法的時間建議，讓它們成為你的指引，而非束縛！

✦ 創作有力的韻律或文字 ✦

經常有人說，伴隨文字的咒術會更有力。這對許多魔法師來說確實是如此，這有兩個原因：

1、當將魔法目標簡化為特定的文字時，魔法師可以更充分觀想目標的顯化。

2、口說文字含有振動的能量。魔法師使用適當的語調（可參考第2章），可透過言語將個人力量傳至使用的工具上。

因此，下一步就是編寫可在執行咒術期間念出的簡短韻律，或是寫下關於你魔法需求的簡單說明。

學習如何進行的最佳方法就是實際操作。如果你願意，可從本書中選擇要仿效的範例。或是直接坐下，用一枝筆和一本筆記本開始塗鴉一會兒。

嗯，以下是一些你可以用來創造個人咒語的指導方針：

- 清楚敘述你的需求。
- 清楚敘述你需求的各種面向（持久的愛，而不是短暫的愛情；全面性的保護，而不只是身體的保護；永遠戒除成癮症，也包括成癮的原因和各種展現等等）。
- 如果可以的話，可用自己的力量文字或魔法韻律提及部分你決定要用於咒術的工具。對某些咒術來說，這些文字確實有助建構整體的韻律或祈禱文。

- 在靈能知覺、愛情和療癒等咒術中使用有催眠作用的文字（以「s」開頭，或是含有「z」的文字）；在保護咒中使用強而有力的文字。讓文字的性質符合你編寫的儀式種類。例如「鋒利」、「刺」和「劈啪聲」較適合用於保護咒，而非愛情咒。
- 別指望自己可以簡單快速地想出這些文字，請花點心思並與它們合作，你的靈能知覺知道你的需求是什麼。

關於押韻：我在本書中列入的儀式大多包含押韻的咒語。經過許多世紀的觀察和實際操作，魔法師發現在執行咒術期間唱誦有韻律的文字，會比沒有韻律的文字更能為我們的表層意識帶來影響。這讓我們能夠迅速進入適當的狀態，有助我們進行觀想（因為我們不會忙著記住下一個字），而且可以加速建立和釋放我們的個人力量。如果你可以順利創作出一些押韻的祈禱文，很好。但就算做不到，也不必擔心。只要這些文字能夠形容出你咒術的效果，就會靈驗。最後一項重點：最好將祈禱文背下來。如果做不到，至少也要多讀幾遍，讓自己熟悉。

✦ 草擬書面咒語 ✦

現在你已清楚自己的魔法需求、相關的元素、你將使用的材料、執行時間（如果有的話），以及你將唱誦的文字，並將它們組合在一起。決定你要如何使用這些你選擇的工具，以及一切要如何有條不紊地進行。以簡單的格式寫下咒術。以下為範例：

時間：現在（或滿月時）。

工具：杯子、水、一朵玫瑰、兩大匙的迷迭香、一根粉紅色蠟燭。

動作：在杯子裡裝水。將玫瑰放入水中。為蠟燭灌注愛情能量。放入燭台中；點燃。在蠟燭周圍灑上灌注能量的迷迭香粉。唱誦文字。

文字：

我需要愛，
我想要愛，
我擁有愛！
或是
藉由這愛情的玫瑰杯

我的愛情將從天而降。

這是咒術的基本概要，當你確定這是咒術的最佳形式時，請進入下一個步驟。

✦ 咒術最終定案 ✦

仿效本書中咒術的形式，將咒術寫下。請拿出你最佳的書寫技巧，因為此咒術的書面形式就是魔法本身的一部分。透過你的書寫，咒術已含有你的力量。當在儀式中掃視書面咒術時，它會帶給你力量和能量。

以下提供如何書寫儀式形式的範本：

✦ 瑰麗愛情咒 ✦

在滿月時或有需求時：收集一朵玫瑰、一個杯子、水、一根粉紅色蠟燭、一個燭台、兩大匙的迷迭香。為蠟燭灌注愛情能量。

在杯子裡裝水，將玫瑰放入水中，同時說出：

藉由這杯瑰麗愛情，
我的愛情將從天而降。

將蠟燭放在玫瑰杯後方的燭台上。點燃蠟燭的同時說出：

藉由這杯瑰麗愛情，
我的愛情將從天而降。

點燃蠟燭後，在燭台周圍以順時針方向灑上迷迭香，同時說出：

藉由這杯瑰麗愛情，
我的愛情將從天而降。

讓蠟燭燃燒至少九分鐘。如你所見，這遠比我們先前的整體規劃充滿更多細節，而且包含處於適當位置的一切事物，如此一來，當你實際執行咒術時就不會犯錯。你花越多時間創造甚至是書寫你的咒術，咒術就會越有效。

✦ 收集工具 ✦

通常在你準備要執行咒術時才會進入到這個步驟。然而，如果你發現你魔法用的蠟燭和香草的庫存量不足，沒有理由不購買新的用品。

務必要在開始之前備妥一切所需的物品，因為光是忘記火柴（點燃蠟燭所必需）就會讓人很沮喪。

在收集工具的過程中，你也同時在匯聚你將在儀式中召喚的能量。因此，拿出一根粉紅色蠟燭、買一朵玫瑰，以及尋找一個適當的杯子這些簡單的動作不只是魔法的準備工夫而已，它們本身也是魔法。

✦ 執行咒術 ✦

這是最後的步驟，幾乎沒什麼好說的了，因為你已經知道要如何施做咒術。你也知道咒術會靈驗。你還在擔心自己創造的咒術可能會不靈驗？

請釋放那樣的懷疑。

放掉這樣的想法，並藉由風、太陽的熱、涼爽的月光，以及大地的沃土進行淨化。

請以正面的態度施做你的咒術，它肯定會顯化。

後記

Afterword

✦

在我完成這本書的幾個月後，我又重讀了一遍，我對於這本書和前一本書《大地魔法》之間的差異和相似度感到震驚。我在1982年開始撰寫《大地魔法》。在這十年間，我仍持續進行我的魔法研究與實踐，而其中的許多成果都反映在這本書上。

我希望《大地魔法》的本質仍能繼續留存在這本書中。不是透過文字，而是透過基調和重要主題。《大地魔法》起初是我自十五歲以來執行魔法操作的彙整。這必然是實踐民間魔法的簡單指南，裡面有滿滿的魔法資源、神祕的鏡子和魔法花園。我試圖呈現我在年輕時期習得的魔法種類。

我懷疑自己現在能寫出像這樣的書。我已經熟悉更多魔法的原因和方法，已經發展出個人施咒的系統，而且從那時開始又花了十年時間研究、實驗、收集、思考，並過著自然魔法的生活。這樣的經歷往往會影響到我所書寫的一切，就如同本書的內容。

我用來介紹本書中材料的方式和在《大地魔法》中並不相同，但我相信精神是一致的，而這將鼓勵我們更大量的兄弟姐妹來接觸大地，並將魔法視為個人轉化的歡樂方法。

這本書是一份邀請。來吧，它說。來綠色的田野裡走走，窺探神祕的春天，撫摸古樹的樹皮，聞嗅醉人的花香。

感覺風掠過你身旁，冷卻太陽的熱。看暮色在海面上蔓延，凝視著頭上的星辰。舒適地坐在地上，驚嘆大地的力量。

圍繞我們身旁的大自然奇蹟激發了魔法的誕生，也是這同樣的過程維持著我們的生活。如果我們仔細觀察，我們就會發現魔法是有生命的，而這樣的生命力就是魔法的過程。沒有人可以將大自然與魔法分開，它們是一體的。

如果你想成為魔法師，請尊重大地，尊重生活、愛情。請瞭解魔法是每位人類與生俱來的權利，並請明智地加以運用。

本魔法書到此結束，但你的魔法之旅仍在持續進行中，願本書成為你的喜悅之書。

附錄

魔法符文

✦

這是可用於自然魔法的符文系列。除了本書介紹的方法以外，還有很多將這些符文用於魔法施做的可能。洗澡前可觀想療癒、能量和愛情的符文，或用力量將這些符文「畫」在浴缸裡。可在裝塔羅牌的布袋上縫上或繡上靈能知覺的符文。可在車子、借出的物品上畫上保護符文，甚至可以在你的孩子每天早上出門上學時觀想用保護符文將他們包覆。

這些符文本身幾乎不具備能量，它們必須透過個人力量打造（藉由實體或觀想的方式）。唯有如此，它們才能聚焦並傳遞能量。

因此，自然魔法師能夠輕鬆創造符文是很重要的。請練習在紙上畫符文。練習時無須觀想，只要反覆畫出符文，直到你熟記這些與各種魔法需求相關的符文為止。這時你才能隨心所欲地使用它們。

這也能確保在執行咒術期間可以不費力地創造符文。

這些符文大多是從我個人的經驗和魔法傳說的研究中辛苦收集而來。其他的符文，甚至是你自行創造的符文，透過你的雙手和心靈也可能會更靈驗。

在出現兩個以上符文的地方，可使用似乎更能有效自身能量的那個符文。這是最重要的事。

可在本書的第19章找到更多符文。

美容

表層意識

勇氣

能量

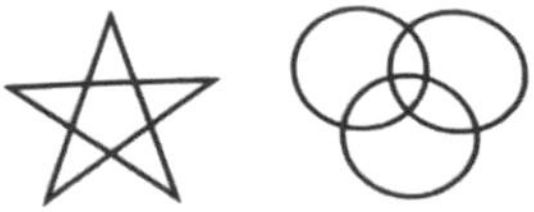

保護

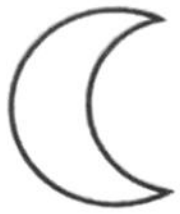

靈能知覺

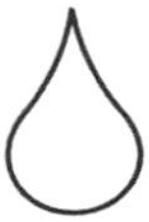

淨化

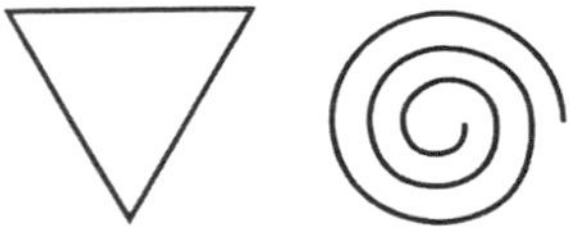

靈性

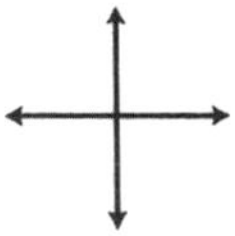

旅行

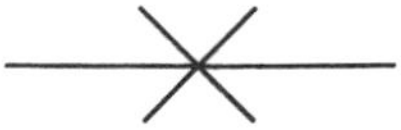

減重

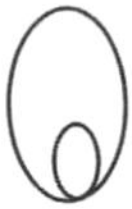

生育

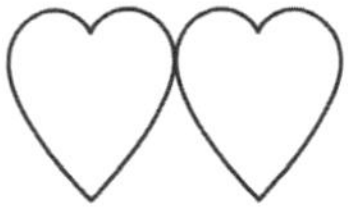

友誼

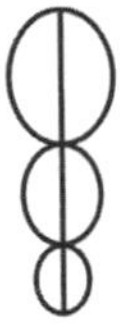

健康與療癒

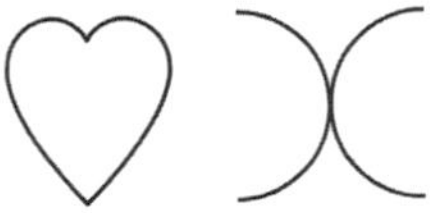

愛情

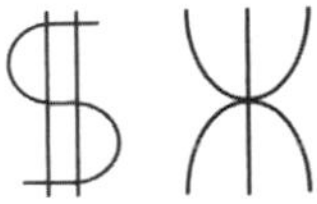

金錢

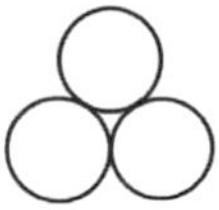

平靜

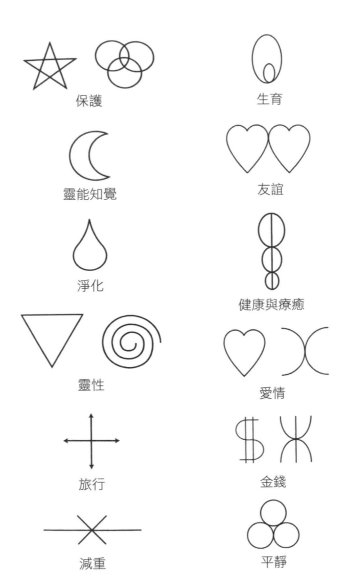

詞彙表

Glossary

✦

本書所使用的用語大多是非魔法實踐者所不熟悉的，其他大多也是只與自然魔法相關的專門用語，因此我提供了這份詞彙表。

Akasha 阿卡夏：有時被稱為第五元素的阿卡夏實際上是充滿宇宙且無所不在的靈性力量，它是形成元素的能量。

Astral projection 星體投射：將意識與肉體分離並隨意移動的行為。

Bane 災厄：摧毀生活的東西：有毒的、危險的、具破壞性的、邪惡的。這一詞也包含負面習慣，以及各種威脅。我有時會在本書中的儀式口語部分使用這一詞。

Charge 灌注能量：為物品注入自身能力。「灌注能量」是魔法動作。

Conscious mind 表層意識：人類意識中較著重分析、社會導向和物質主義的意識部分。在我們加減數字、研究地圖，或是釐清概念時，運作的就是表層意識。可和「psychic mind 通靈意識狀態」做比較。

Curse 詛咒：有意識地將負面能量導向人、地或事物。和一般人以為的不同，詛咒很少見，而且通常不會靈驗。又稱靈性攻擊（psychic attack）。

Divination 占卜：透過看似隨機的圖案或符文的詮釋來探索未知的魔法技術，包括如雲朵、塔羅牌、火焰和煙霧等工具的使用。占卜可透過儀式、觀察或操控工具來哄騙或催眠表層意識，以接觸通靈意識狀態。可輕易與通靈意識狀態進行溝通的人未必需要占卜，但還是可以練習這樣的技巧。許多自然魔法的實踐者會在儀式前進行占卜，以深入了解真正的狀況。

Earth magic 大地魔法：請參考「Nature magic 自然魔法」。

Earth power 大地力量：存於石頭、香草、火焰、風、溪流和其他自然物品中的能量。在魔法的施做中，會將大地力量與個人力量結合。

Elements, the 元素：地、風、火、水，這是我們星球的四種能量。現存（或可能存在的）的萬事萬物都含有一種以上的能量。在我們體內嗡嗡作響的元素也「普遍」

存在全世界中。這些元素可用來透過魔法帶來改變。這四種元素是從原始的普遍力量——阿卡夏所形成的。

Energy 能量：對所有自然物品與生物（包含我們自己的身體）體內存有但目前不可估計（但真實存在）的力量總稱。古代的夏威夷人稱之為「瑪那」（mana），而且也被賦予許多其他的名稱。這個能量最終源於一切存在的神聖源頭。這是所有形式魔法的動力來源、燃料。

Folk magic 民間魔法：請參考「Nature magic 自然魔法」。

Goal, the 目標：請參考「Need, the 需求」。

Grounding 接地：暫時關閉靈能知覺，並將表層意識重新導向物質世界的程序。

Magic 魔法：用來創造所需改變的自然能量運動（例如個人力量）。魔法是「喚醒」並建立這種能量的行為；為能量賦予目的（透過觀想），並將能量釋出，以顯化魔法師的需求。魔法是自然（並非超自然）的過程，儘管一般人對魔法的了解不深。

Magical voice, the 魔法語調：用來在施咒期間念出祈禱文的語調。這應是強而有力、肯定的語氣，毫無疑慮和不安全感。在某些情況下，魔法語調也可能是強而有力的低語。

Magick 魔法：Magic 魔法的另一種拼寫法。

Natural magic 自然魔法：運用個人力量結合大地力量以帶來所需改變的操作。魔法是正面、充滿愛的轉化過程。

Need, the 需求：咒術或儀式的目的；魔法師生活中缺乏或不滿足的狀況。需求可以是愛情、健康、快樂、平靜、驅除有害習慣或想法，或是許多其他的改變之一。

Pentacle 五芒星盤：一種魔法工具，由上面刻有五芒星的圓盤所構成。

Pentagram 五角形符號：五角星，繪製時總是以單邊的尖角朝上。五角形符號富有象徵意義：五感、結合阿卡夏的元素；手、人體、大地和金錢的元素等等。這個符號用於魔法中至少也有兩千年的歷史，通常是用於保護魔法。今日也經常與威卡教（Wicca）相關。由於誤傳或徹底的謊言散布，有時人們以為五角形符號是撒旦崇拜的象徵符號，但它從來沒有這樣的象徵意義，現在也沒有，只有那些為了個人利益扭曲和曲解它意義的人才會堅信這樣的想法。

Personal power 自身能量：維持我們身體運作的能量。我們最早是在親生母親的子宮內吸收這樣的能量，後來則是從食物、水、陽光，以及其他的自然物品與來源中吸收。我們會在從事體能活動、運動、性愛、懷孕、生產、情況、想法和施行魔法期間釋放個人力量。

Projective hand 投射手：實用或有天賦的手，通常是用來寫字的手，在施做魔法期間，身體就是透過這隻手傳送個人力量。可「Receptive hand 比較接受手」。

Psychic awareness 靈能知覺：從通靈意識狀態接收的訊息可用於表層意識的人類狀態。

Psychic mind 通靈意識狀態：我們接收靈性衝動的潛意識、無意識或深層表層意識。通靈意識狀態會在我們睡覺、做夢、冥想，或窺探未來時運作。在連結通靈意識狀態與表層意識時，我們可以取得無法以其他方式取得的資訊。

Receptive hand 接受手：非投射手的另一隻手，在施做魔法期間，身體可透過這隻手吸收外界能量。

Ritual 儀式：典禮。特定形式的動作、對物品的操控和／或內在過程，用來產生特定的結果。在宗教中，儀式是用來與神聖力量結合。在魔法中，儀式是一連串簡單的動作（包括內在與外在），讓魔法師能夠將能量移至需求中。

Scrying 靈視：凝視物品（水池、火焰、倒影）來沉澱表層意識，並與通靈意識狀態接觸，以創造靈能知覺的過程。

So mote it be or so must it be 必當如此：用來結束許多祈禱文和魔法韻律的肯定語句。魔法師們經常這麼使用，而且已經使用多年。轉寫可能是「so must it be」(儘管就語言上並不正確)。

Spell 咒術：通常涉及話語的魔法儀式。

Visualization 觀想：在心裡形成畫面的過程。魔法觀想由儀式期間魔法師的需求形成的影像所構成。在魔法施做期間，觀想也用於為各種目的來導引自身能量和其他形式的能量。觀想是表層意識的職責。

Wicca 威卡教：威卡教為現代的多神宗教，精神源自最早對大自然敬畏的表現，作為神聖力量的展現。換句話說，威卡教是建立在對母神和父神的崇敬上的現代宗教，而神創造了存在的萬物，也包括大地。威卡教也欣然接受魔法的實踐作為個人和全面性轉化的工具，而且通常會傳授輪迴的教義。許多威卡教徒也將自己視為巫者。

Witch 巫者：古代傳承前基督教自然魔法的歐洲實踐者。實行巫術的人。這一詞的意義後來被竄改為用來形容實行破壞性魔法，且對基督教產生威脅的瘋狂、危險、超自然的人。這是有組織的宗教帶有政治、金融和性別歧視的舉動。儘管目前仍有許多非巫師接受這負面意涵，但這並不能拿來形容只是實行不具威脅、充滿愛的自然魔法的巫師本身。部分威卡教成員也會用巫師一詞來形容自己。

Witchcraft 巫術：巫師的技術。這就是魔法，尤其是運用個人力量結合大地力量的魔法。根據這樣的定義，巫術並非宗教。然而，許多威卡教的信徒有時也會使用這一詞來形容他們的宗教。

"Translated from"
Earth, Air, Fire & Water:
More Techniques of Natural Magic

Interior illustations by Llewellyn art depatment
Published by Llewellyn Publications
Woodbury, MN 55125 USA
www.llewellyn.com

史考特·康寧罕的元素魔法

出　　版／楓樹林出版事業有限公司
地　　址／新北市板橋區信義路163巷3號10樓
郵政劃撥／19907596　楓書坊文化出版社
網　　址／www.maplebook.com.tw
電　　話／02-2957-6096
傳　　真／02-2957-6435
作　　者／史考特・康寧罕
審　　定／張晉瑋（Cléo）
譯　　者／林惠敏
企劃編輯／陳依萱
校　　對／許瀞云
港澳經銷／泛華發行代理有限公司
定　　價／480元
初版日期／2022年11月

國家圖書館出版品預行編目資料

史考特・康寧罕的元素魔法：向風、火、水、地四元素借力 / 史考特・康寧罕作；林惠敏譯. -- 初版. -- 新北市：楓樹林出版事業有限公司, 2022.11　面；公分

譯自：Earth, air, fire & water :
more techniques of natural magic.

ISBN 978-626-7108-92-5（平裝）

1. 巫術

295　　111014413